Musterkatalog

für

Volksbibliotheken.

Ein Verzeichniß von Büchern,

welche zur Anschaffung für Volksbibliotheken zu empfehlen sind,

herausgegeben

von

dem Gemeinnützigen Vereine zu Dresden.

Springer-Verlag Berlin Heidelberg GmbH

1882.

ISBN 978-3-662-33492-8   ISBN 978-3-662-33890-2 (eBook)
DOI 10.1007/978-3-662-33890-2

Vorwort.

Das vorliegende Bücherverzeichniß verdankt seine Entstehung einem
dringenden Bedürfnisse der Volksbibliotheken des Gemeinnützigen
Vereins zu Dresden. Seitdem diese über die Grenzen hinausgewachsen
sind, welche das K. Sächsische Ministerium des Kultus und öffentlichen
Unterrichts bei der Herausgabe seines vortrefflichen kleinen Musterkatalogs im Jahre 1876 angenommen hatte, fehlte es den Biblio-
thekaren an einem Leitfaden für die ferneren Anschaffungen. Daher
beauftragte der Gemeinnützige Verein seinen Bibliotheksausschuß mit
der Bearbeitung eines neuen umfassenden Musterkatalogs. Nach ein-
jähriger angestrengter Thätigkeit hat der Ausschuß, dem u. a. die
Bibliothekare der fünf Dresdner Volksbibliotheken angehören und dem
sich zur Begutachtung der einzelnen Abtheilungen des Katalogs eine
Anzahl Fachmänner zur Verfügung gestellt hatten, seine von einem
bibliothekarischen Sachverständigen redigirte Arbeit abgeschlossen. Die
Herausgeber verhehlen sich keineswegs die Mängel des Werkchens und
wollen dasselbe zunächst nur als einen Entwurf betrachtet wissen, der
erst im Laufe der Zeit durch die Mitarbeit anderer Volksbildungs-
freunde feste Gestalt und dauernden Werth erlangen soll.

Sie richten daher namentlich an die Verwalter von Volksbibliotheken die dringende Bitte, ihnen im Interesse der Sache weitere
empfehlenswerthe Schriften namhaft zu machen oder etwaige Bedenken
gegen aufgenommene Bücher auf Grund gemachter Erfahrungen mit-
zutheilen. Voraussichtlich wird es freilich auch nicht an Einwendungen
fehlen, die lediglich auf der Verschiedenheit des bei einer derartigen
Arbeit einzunehmenden Standpunktes beruhen.

Im Allgemeinen sind die Herausgeber von den Grundsätzen aus-
gegangen, welche das K. Sächsische Ministerium in seinem Schriftchen
„Ueber Bedeutung und Einrichtung der Volksbibliotheken" aufgestellt
hat. Die Grenze der in die Volksbibliotheken aufzunehmenden
Litteratur ist nach oben hin mit Rücksicht darauf bemessen worden,
daß dieselben in größeren Städten, nicht zum Schaden der Sache,

auch von den gebildeten Mittelklassen und den Schülern höherer Lehr-
anstalten fleißig benutzt werden.   Deshalb erschien es aber bei einzelnen Abtheilungen angemessen, die besonders gemeinverständlich ge-
schriebenen Werke durch Hinzufügung eines Sternchens hervorzuheben;
es sind dies zugleich diejenigen Bücher, welche unbedenklich der reiferen
Jugend in die Hände gegeben werden können.   Da sich in Dresden
die Verbindung der Jugendbibliothek mit der Volksbibliothek durchaus
bewährt hat, so ist der Jugendlitteratur eine ausgiebige Berücksichtigung
zu Theil geworden; für die Auswahl derselben ist der vom hiesigen
Pädagogischen Vereine kürzlich herausgegebene „Wegweiser durch die
deutsche Jugendlitteratur" eine höchst schätzbare Vorarbeit gewesen.
Die Ausgaben der Reclam'schen Universalbibliothek, welche wegen
ihres engen Druckes und schlechten Papiers im Allgemeinen keine
Empfehlung verdienen, sind neben anderen um deswillen mit an-
geführt, weil sie sich in Folge ihres billigen Preises in den mit sehr
geringen Geldmitteln ausgestatteten Bibliotheken · immer Eingang
verschaffen werden.

Die in dem Kataloge eingestellten Preise sind die gewöhnlichen
Ladenpreise; sehr viele und namentlich die größeren Werke werden sich
oft auf antiquarischem Wege zu bedeutend herabgesetzten Preisen be-
schaffen lassen.   Da die meisten der angeführten Bücher Oktavformat
haben, so sind nur die abweichenden Formate besonders angegeben.
Auf jeder Seite ist ausreichender Raum gelassen worden, um zu den
Titeln der Bücher die Bibliotheksignaturen hinzuzuschreiben, damit auf
diese Weise der Musterkatalog zugleich als Katalog der einzelnen
Bibliotheken benutzt werden kann.

Dresden, im Januar 1882.

Die Herausgeber.

I. Deutsche Nationallitteratur.

1. Aeltere deutsche Litteratur
(vom 12. bis zum 17. Jahrhundert).

1. **Heldenbuch,** Das. Von K. Simrock. 1.—3. Bd. Stuttgart. Mk. 17. —. Inhalt: Bd. 1. Gudrun. Deutsches Heldenlied, übersetzt von K. Simrock. 11. Aufl. 1876. Mk. 4,50. — Bd. 2. Das Nibelungenlied, übers. v. K. Simrock. 39. Aufl. 1876. Mk. 3,50. — Bd. 3. Das kleine Heldenbuch von K. Simrock: Walther und Hildegunde. Alphart. Der hörnerne Siegfried. Der Rosengarten. Das Hildebrandslied. Ortnit. Hugdietrich und Wolfdietrich. 3. Aufl. 1874. Mk. 9.
2. **Freidank's Bescheidenheit.** Spruchsammlung aus dem 13. Jahrhundert. Neudeutsch bearb. von Ad. Bacmeister. gr. 16. Stuttgart 1874. (Auch in Reclam's Universal-Bibliothek Bd. 1049. 1050.) 1. 60.
3. **Hartmann von Aue,** Der arme Heinrich, übers. v. K. Simrock. Mit verwandten Gedichten u. Sagen. 2. Aufl. 16. Heilbronn 1875. (Auch in Reclam's Univ.-Bibl. Bd. 456.) 3. —.
4. **Walther von der Vogelweide,** Gedichte, übers. v. K. Simrock. 5. Aufl. 16. Leipzig 1873. (Auch in Reclam's Univ.-Bibl. Bd. 819. 820.) 5. —.
5. *Wernher der Gärtner, Helmbrecht. Die älteste deutsche Dorfgeschichte, übertr. von C. Schröder 16. Wien 1865. cart. —.
6. **Konrad von Würzburg,** Kleinere Dichtungen. Aus dem Mittelhochdeutschen übers., mit Einleitung und Anmerkungen von K. Pannier. 16. Görlitz 1879. (Sammlung altdeutscher Werke Bd. 7.) 1. —.
7. **Eybe,** Albrecht von, Ehestandsbüchlein. Sprachlich erneuert und mit Vorwort von K. Müller. 16. Görlitz 1879. (Sammlung altdeutscher Werke Bd. 8.) 1. —.
8. **Brand,** Sebastian, Narrenschiff in neuhochdeutscher Uebertragung v. K. Simrock. Mit den Holzschn. der ersten Ausgaben. 4. Berlin 1872. (Auch in Reclam's Univ.-Bibl. Bd. 899. 900.) 12. —.
9. **Luther,** Martin, als deutscher Klassiker in einer Auswahl seiner kleineren Schriften. 2. Aufl. Frankfurt a. M. 1878. 4. —.
10. *— Sinnreiche Tischreden. Auswahl für das deutsche christl. Volk, besorgt von Ferd. Bäßler. 2. Aufl. Dresden 1877. 1. —.
11. **Sachs,** Hans, Spruchgedichte. Ausgewählt und sprachlich erneuert, mit Einleitung und Anmerkungen von A. Engelbrecht. 16. Görlitz 1879. (Sammlung altdeutscher Werke Bd. 1.) 1. —.
12. *— Schwänke. Ausgewählt ac. von A. Engelbrecht. 16. Görlitz 1879. (Ebendas. Bd. 4.) 1. —.
13. *Grimmelshausen, H. J. Chr. v., Der abenteuerliche Simplicus Simplicissimus. Ein Lebensbild aus dem 30jähr. Kriege. Frei bearb. v. C. H. Meyer. Mit 3 Bildern von H. Lüders. (Volks-Ausg.) Bremen 1876. 1. —

2. Neuere deutsche Litteratur.

14. *Arnim, L. Achim v., und Clem. Brentano, Des Knaben Wunderhorn. Alte deutsche Lieder. Neu bearb. von Ant. Birlinger und Wilh. Crecelius. Mit Illustrationen. 1. u. 2. Bd. München 1873—77. (Auch in Reclam's Univ.-Bibl. Bd. 1251—1256.) 12. —.
15. **Brentano,** Clem., Gockel, Hinkel und Gackeleia. Ein Märchen. Einsiedeln 1878. (Auch in Reclam's Univ.-Bibl. Bd. 450.) cart. 1. 70.

16. **Chamisso**, Adelb. v., Peter Schlemihl's wunderbare Geschichte. gr. 16. Berlin 1879. (Auch in Reclam's Univ.=Bibl. Bd. 93.) geb. —. 60.
17. ***Claudius**, Matth., Werke. 10. Aufl., revidirt von C. Redlich. Mit vielen Holzschn. und Kupferst. 2 Bde. Gotha 1879. 4. 80.
18. **Eberhard**, G. A., Hannchen und die Küchlein. 25. Aufl., mit 10 Holzschn. 4. Leipzig 1875. (Auch in Reclam's Univ.=Bibl. Bd. 713.) cart. 4. —.
19. **Eichendorff**, Jos. Frhr. v., Aus dem Leben eines Taugenichts. Novelle. 13. Aufl. 16. Leipzig 1878. 3. —.
20. **Fichte**, Joh. Gottlieb, Reden an die deutsche Nation. Mit einer Einleitung von J. H. Fichte. gr. 16. Freiburg i. Br. 1881. —. 50.
21. **Fouqué**, Friedr. Baron de la Motte, Undine. Eine Erzählung. 22. Aufl. 16. Berlin 1877. (Auch in Reclam's Univ.=Bibl. Bd. 491.) —. 50.
22. ***Gellert**, Chr. F., Fabeln und Erzählungen. gr. 16. Berlin 1879. (Auch in Reclam's Univ.=Bibl. Bd. 161. 162.) —. 80.
23. **Goethe**, J. W. v., Werke. Auswahl in 16 Bdn. gr. 16. Leipzig 1870. (Einzelne Werke in Reclam's Univ.=Bibl.) geb. in 4 Bdn. 6. —.
24. — Ausgewählte Gedichte. Schulausg. mit Anmerkungen von J. W. Schäfer. Stuttgart 1866. cart. —. 80.
25. **Hauff**, Wilh., Prosaische und poetische Werke. Nebst einer Biographie des Dichters von A. Lindner. 12 Bdchn. gr. 16. Berlin 1879. (Einzelne Werke in Reclam's Univ.=Bibl.) geb. in 2 Bdn. 6. —.
26. ***Hebel**, J. P., Werke. 2 Bde. 6. Aufl. 16. Berlin 1875. 1. 20.
27. *— Schatzkästlein des rheinischen Hausfreundes. Stuttgart 1876. —. 80.
28. *— Allemannische Gedichte. Berlin 1873. —. 60.
29. **Herder**, Joh. Gottfr. v., Der Cid, nach spanischen Romanzen besungen. Schulausgabe mit Anmerkungen von J. W. Schäfer. gr. 16. Stuttgart 1874. (Auch in Reclam's Univ.=Bibl. Bd. 105.) cart. 1. 20.
30. — Stimmen der Völker. Hrsg. v. Wollheim da Fonseca. gr. 16. Berlin 1879. (Auch in Reclam's Univ.=Bibl. Bd. 1371—1373.) geb. 2. —.
31. **Jean Paul** [Friedr. Richter], Blumen=, Frucht= und Dornenstücke oder Ehestand, Tod und Hochzeit des Armenadvokaten F. St. Siebenkäs. 4 Bdchn. gr. 16. Berlin 1879. (Auch in Reclam's Univ.=Bibl. Bd. 274—277.) geb. in 1 Bd. 2. —.
32. **Kleist**, Heinr. v., Werke. Nebst der Biographie des Dichters von A. Wilbrandt. 5 Thle. gr. 16. Berlin 1879. (Einzelne Werke in Reclam's Univ.=Bibl.) geb. in 2 Bdn. 3. 50.
33. ***Körner**, Theod., Sämmtliche Werke. 10. Aufl. 2 Bde. 16. Berlin 1875. 1. 20.
34. *— Leier und Schwert. Gedichte. 16. Berlin 1879. (Einzelne Werke in Reclam's Univ.=Bibl.) geb. —. 80.
35. **Krummacher**, Friedr. Ad., Parabeln. 9. Ausg. Mit dem Bildnisse des Verf. Essen 1876. (Auch in Reclam's Univ.=Bibl. Bd. 841—843.) 4. 50.
36. **Lessing**, G. E., Werke. Enthaltend sämmtliche Dramen und die wesentlichsten Prosaschriften. 6 Thle. Leipzig 1875. 4. —.
37. — Dramatische Meisterwerke. Mit Einleitungen von Karl Goedeke. gr. 16. Stuttgart 1870. (Einzelne Werke in Reclam's Univ.=Bibl.) geb. 1. 60.
38. **Möser**, Justus, Patriotische Phantasien. Mit Einleitung und Anmerkungen hrsg. von R. Zöllner. 2 Thle. Leipzig 1871. (Bibl. der deutschen Nationallit. des 18. und 19. Jahrh. Bd. 32. 33.) 2. 40.
39. **Musäus**, Volksmärchen der Deutschen. Volksausg. in 1 Bde. Mit Holzschnitten. 9. Aufl. Hamburg 1878. 3. —.
40. ***Pestalozzi**, Heinr., Lienhard und Gertrud. Ein Buch für das Volk. 2. Aufl. Mit Portrait Pestalozzi's. Halle 1877. (Auch in Reclam's Univ.=Bibl. Bd. 434—437.) 1. 60.
41. **Schenkendorf**, Max v., Gedichte. Mit einem Lebensabriß und Erläuterungen hrsg. v. A. Hagen. gr. 16. Stuttgart 1871. (Auch in Reclam's Univ.=Bibl. Bd. 377—379.) 1. 40.
42. ***Schiller**, Friedr. v., Sämmtliche Werke, vollständig in 4 Bänden. Mit Einleitungen v. K. Goedeke. Mit b. Portrait b. Dichters. Stuttgart 1879. geb. 7. —.
43. *— Gedichte. Schulausg. Mit Anmerkungen von Denzel und Kratz. gr. 16. Stuttgart 1873. (Einzelne Werke in Reclam's Univ.=Bibl.) cart. 1. —.
44. **Schleiermacher**, Friedr., Ueber die Religion. Reden an die Gebildeten unter ihren Verächtern. Mit Einleitung herausgeg. von Karl Schwarz. Leipzig 1868. (Bibliothek der deutschen Nationalliteratur des 18. und 19. Jahrhunderts Bd. 1.) 1. —.

45. **Schleiermacher**, F., Monologen. Eine Neujahrsgabe. — Die Weihnachtsfeier. Ein Gespräch. Mit Einleitung hrsg. v. K. Schwarz. Leipzig. (Ebendas. Bd. 27.) 1. 20.
46. **Seume**, J. G., Der Spaziergang nach Syrakus. Hrsg. von H. Oesterley. Leipzig 1868. (Ebendas. Bd. 16. — Auch in Reclam's Univ.=Bibl. Bd. 186—188.) 1. 20.
47. ***Uhland**, Ludw., Gedichte. 60. Aufl. Stuttgart 1875. 4. —.
48. ***Voß**, Joh. Heinr., Luise. Mit Einleitung hrsg. von K. Goedeke. Leipzig 1870. (Bibliothek der deutschen Nationalliteratur des 18. und 19. Jahrhunderts Bd. 26. — Auch in Reclam's Univ.=Bibl. Bd. 72.) 1. 20.
49. **Wieland**, Chr. M., Oberon. Ein Gedicht in 12 Gesängen. gr. 16. Berlin 1879. (Auch in Reclam's Univ.=Bibl. Bd. 124. 125.) geb. 1. —.
50. **Novellenschatz**, Deutscher, hrsg. von Paul Heyse und Herm. Kurz. 24 Bde. München 1871 flg. jed. Bd. Mk. 1,50. zusammen 20. —.

Inhalt:
Bd. 1. Goethe, Die neue Melusine. — Kleist, H. v., Die Verlobung von St. Do= mingo. — Brentano, Cl., Geschichte vom braven Kasperl und dem schönen Annerl. — Arnim, Achim v., Der tolle Invalide auf dem Fort Ratonneau. — Hoffmann, E. T. A., Das Fräulein von Scudery.
Bd. 2. Tieck, L., Die Gemälde. — Rumohr, C. Fr., Der letzte Savello. — Stifter, A., Brigitta. — Wolf, Aug., Der Stern der Schönheit.
Bd. 3. Tieck, L., Des Lebeus Ueberfluß. — Eichendorff, J. v., Die Glücksritter. — Widmann, A., Die katholische Mühle. — Keller, Gottfr., Romeo und Julia auf dem Dorfe.
Bd. 4. Berthold, Frz., Irrwisch=Fritze. — Hauff, W., Phantasien im Bremer Rathskeller. — Kinkel, Gottfr., Margret. — Mörike, Ed., Mozart auf der Reise nach Prag.
Bd. 5. Kopisch, Aug., Ein Carnevalsfest in Ischia. — Lohmann, Friederike, Die Entscheidung bei Hochkirch. — Immermann, K., Der Carneval und die Sonnam= büle. — Grillparzer, Frz., Der arme Spielmann.
Bd. 6. Kruse, L., Nordische Freundschaft. — Gall, Louise v., Eine fromme Lüge. — Meißner, Alfr., Der Müller vom Höft. — Grimm, Herm., Das Kind.
Bd. 7. Gotthelf, Jerem., Der Notar in der Falle. — Auerbach, B., Die Geschichte des Diethelm von Buchenberg. — Wilbrandt, A., Johann Ohlerich.
Bd. 8. Spindler, Die Engel=Ehe. — Riehl, W. H., Jörg Muckenhuber. — Kompert, Eine Verlorene.
Bd. 9. Reich, Mor., Mammon im Gebirge. — Meyr, Melch., Der Sieg des Schwachen. — Storm, Th., Eine Malerarbeit.
Bd. 10. Schrehvogel, Samuel Brink's letzte Liebesgeschichte. — Alexis, Wilib., Herr von Sacken. — Waldmüller, Rob. [Duboc], Es ist nicht gut, daß der Mensch allein sei.
Bd. 11. Kähler, L. A., Die drei Schwestern. — Zschokke, Der todte Gast. — Hart= mann, Mor., Das Schloß im Gebirge. — Kürnberger, Ferd., Der Drache.
Bd. 12. Gotthelf, Jer., Kurt von Koppigen. — Holtei, K. v., 's Muhme=Lieute= nant=Saloppel. — Höfer, Edm., Rolof, der Rekrut.
Bd. 13. Mügge, Th., Der Malanger Fjord. — Heyden, Friedr. v., Der graue John. — Pichler, A., Der Flüchtling.
Bd. 14. Kopisch, A., Der Träumer. — Lewald, Fanny, Die Tante. — Wichert, Ernst, Ansas und Grita.
Bd. 15. Varnhagen von Ense, K. A., Reiz und Liebe. — Kugler, Frz., Die In= cantada. — Wallner, Frz., Der arme Josh. — Schücking, Levin, Die Schwester.
Bd. 16. Gemüth und Selbstsucht, von Fr. v. W. — Schmid, Herm., Mohren= franzel. — Dincklage, E. v., Der Strietbaft. — Roquette, Otto, Die Schlangen= königin.
Bd. 17. Chamisso, A. v., Peter Schlemihls wundersame Geschichte. — Kinkel, Johanna, Musikalische Orthodoxie. — Heyse, Paul, Der Weinhüter von Meran.
Bd. 18. Müller, Wilh., Debohra. — Kurz, Herm., Die beiden Tubus.
Bd. 19. Schefer, Leop., Die Düwecke oder die Leiden einer Königin. — Tesche, Walter, Der Entenpiet. — Scheffel, J. B., Hugideo. — Glümer, Claire v., Reich zu reich und arm zu arm.
Bd. 20. Sternberg, A. v., Scholastika. — Grosse, Jul., Vetter Isidor. — Ludwig, Julie, Das Gericht im Walde.
Bd. 21. Halm, Fr., Die Marzipan-Liese. — Gerstäcker, Fr., Germelshausen. —

1*

Traun, Jul. v. d., Der Gebirgspfarrer. — Goldammer, Leo, Auf Wiedersehen. — Derf., Hochzeitsnacht. — Raabe, W. [J. Corvinus], Das letzte Recht.

Bd. 22. Wild, Hermine, Euere Wege sind nicht meine Wege. — Andolt, Ernst, Eine Nacht.

Bd. 23. Frey, Jacob, Das erfüllte Versprechen. — Hackländer, F. W., Zwei Nächte. — Wildermuth, Ottilie, Streit in der Liebe und Liebe im Streit. — Horner, Heinr., Der Säugling.

Bd. 24. Lorm, Hieron. [H. Landesmann], Ein adeliges Fräulein. — Droste-Hüls= hoff, Annette Fr. v., Die Judenbuche. — Ziegler, Frz. W., Saat und Ernte. — Sacher=Masoch, Don Juan von Kolomea.

3. Neueste deutsche Litteratur.

51. *Ahlfeld, Friedr., Erzählungen für's Volk. 4. Aufl. Halle 1872.   1. 80.
52. *Alexis, Willibald [W. Häring], Isegrimm. Roman. 2. Aufl. Berlin 1874.   4. 50.
53. *— Die Hosen des Herrn von Bredow. Vaterländischer Roman. 8. Aufl. Berlin 1878.   2. —.
54. *— Der Wärwolf. Vaterländischer Roman. 4. Aufl. Berlin 1879.   3. —.
55. *— Der falsche Waldemar. Roman. 4. Aufl. Berlin 1880.   4. —.
56. Allerlee aus der Aeberlausitz. Heiteres und Ernstes in Oberlausitzer Mundart. I. 3. Aufl. II. Mit Holzschnitten von Bürkner. Bautzen 1878—1880.   4. —.
57. *Auerbach, Berthold, Sämmtliche schwarzwälder Dorfgeschichten. Volksausg. in 8 Bdn. gr. 16. Stuttgart 1871.   8. —.
58. *— Nach dreißig Jahren. Neue Dorfgeschichten. 3 Bde. Stuttgart 1876. 10. —.
59. — Schatzkästlein des Gevattersmannes. 6. Aufl. gr. 16. Stuttgart 1875. 3. —.
60. — Auf der Höhe. Roman in 8 Büchern. 2 Bde. 10. Aufl. gr. 16. Stutt= gart 1873.   5. —.
61. — Waldfried. 3 Bde. Stuttgart 1874.   18. —.
62. — Landolin von Reutershöfen. Berlin 1878.   6. —.
63. *Bechstein, Ludw., Neues deutsches Märchenbuch. 41. Ster.=Aufl. Volks=Ausg. Mit 1 Titelkupfer und 50 Holzschn. Wien 1881.   cart. 1. 20.
64. Bodenstedt, Friedr., Die Lieder des Mirza=Schaffy, mit einem Prolog. Volks=Ausg. 87. Aufl. 16. Berlin 1880.   cart. 1. 50.
65. *Caspari, Karl Heinr., Erzählungen für das deutsche Volk. 3. Aufl. Stutt= gart 1871.   2. 70.
66. *— Alte Geschichten aus dem Spessart. 5. Aufl. gr. 16. Stuttgart 1876. (Deutsche Jugend= und Volksbibliothek. 4. Bdchn.)   cart. —. 75.
67. Dahn, Fel., Ein Kampf um Rom. Historischer Roman. 7. Aufl. 4 Bde. Leipzig 1882.   24. —.
68. Ebers, Georg, Eine ägyptische Königstochter. Historischer Roman. 4. Aufl. 3 Bde. Stuttgart 1875.   9. —.
69. — Uarda. Roman aus dem alten Aegypten. 3 Bde. 2. Aufl. Stutt= gart 1877.   12. —.
70. — Homo sum. Roman. 4. Aufl. Stuttgart 1878.   6. —.
71. Feuchtersleben, Ernst Frhr. v., Zur Diätetik der Seele. 42. Aufl. Volks= ausgabe. 16. Wien 1877.   1. 20.
72. Freiligrath, Ferd., Gedichte. 34. Aufl. Stuttgart 1875.   3. 50.
73. *Freytag, Gust., Die Ahnen. Roman. 6 Abthlgn. Leipzig.   36. 75.
    Inhalt: Abth. 1. Ingo und Ingraban. 11. Aufl. 1881. Mk. 6,75. — Abth. 2. Das Nest der Zaunkönige. 9. Aufl. 1881. Mk. 6. — Abth. 3. Die Brüder vom deutschen Hause. 7. Aufl. 1881. Mk. 6. — Abth. 4. Marcus König. 4. Aufl. 1880. Mk. 6. — Abth. 5. Die Geschwister. 5. Aufl. 1880. Mk. 6. — Abth. 6. Aus einer kleinen Stadt. 4. Aufl. 1881. Mk. 6.
74. *— Soll und Haben. Roman in 6 Büchern. 25. Aufl. 2 Bde. Leipzig 1880. 5. —.
75. — Die verlorene Handschrift. Roman in 5 Büchern. 11. Aufl. 2 Thle. Leipzig 1880.   6. —.
76. Geibel, Emanuel, Gedichte. 76. Aufl. Stuttgart 1874.   3. 50.
77. Gemüthliches aus Sachsen. 1.—2. Heft. gr. 16. Dresden.   2. —.
    Inhalt: Heft 1. Schnurren von Max Sax. 2. Aufl. 1879. — Heft 2. Aller= hand Faxen. 1879.
78. *Gerstäcker, Frdr., Aus d. Waldleben Amerikas. 2 Abth. gr. 16. Leipzig 1862. 10. —.
    Inhalt: Abth. 1. Die Regulatoren in Arkansas. 3 Bde. 4. Aufl. 2. Ster.=Ausg. Abth. 2. Die Flußpiraten des Missisippi. 3 Bde. 4. Aufl. 2. Ster.=Ausg.

79. ***Gerstäcker,** F., Irrfahrten. Humoristische Erzählungen. Volks=Ausg. gr. 16. Berlin 1876. —. 50.
80. *— Im Busch. Australische Erzählung. 4. Aufl. gr. 16. Jena 1879. 1. 50.
81. *— Das alte Haus. Erzählung. Jena 1879. 1. 50.
82. ***Glaubrecht,** Otto, [R. Oeser], und Karl Stöber, Erzählungen. 2. Aufl. Mit 3 Bildern nach Zeichnungen von R. Geißler. Glogau 1877. cart. 1. 50.
83. *— Neue Erzählungen aus dem Hessenlande. 3. Aufl. Stuttg. 1877. cart. 1. —.
84. *— Das Haidehaus. Erzählung für das Volk. 3. Aufl. Stuttg. 1878. 1. 50.
85. *— Die Goldmühle. Eine Erzählung für das Volk. 5. Aufl. Stuttg. 1879. —. 50.
86. *— Die Heimkehr oder was fehlt uns? Eine Erzählung für das Volk. 8. Aufl. Stuttg. 1879. cart. 1. —.
87. *— Der Kalendermann vom Veitsberg. Eine Erzählung für das Volk. 5. Aufl. Stuttg. 1879. cart. 1. 50.
88. *— Anna, die Blutegelhändlerin. Eine Erzählung für das Volk. 9. Aufl. Stuttgart 1881. cart. —. 50.
89. **Gotthelf,** Jer. [Alb. Bitzius], Bilder und Sagen aus der Schweiz. 3 Thle. 2. Aufl. Berlin 1852. 3. 20.
90. *— Uli. Eine Erzählung in 2 Thln. 6. Ster.=Ausg. Berlin 1878. 2. 40.
91. *— Erzählungen. Neue wohlf. Ausg. 2. Aufl. 3 Bde. Berlin 1879. 3. 60.
92. ***Hackländer,** F. W., Werke. Erste Gesammtausgabe. 2. Aufl. 60 Bde. gr. 16. Stuttgart 1863—1876. 72. —.
93. **Hagen,** Aug., Norica, das sind nürnbergische Novellen aus alter Zeit. Nach einer Handschrift des 16. Jahrhunderts. 5. Aufl. Leipzig 1876. 6. —.
94. ***Harkort,** Fr., Erzählungen für Alt und Jung auf dem Lande. 1. Flachs= Martha. 2. Gärtner=Heinrich. Neue Ausg. 32. Brandenburg 1858. —. 30.
95. **Höfer,** Edm., Unter der Fremdherrschaft. Eine Geschichte von 1812 und 1813. 3 Bde. Stuttgart 1863. 7. 20.
96. — Haus an Haus. Eine Familiengeschichte. 2. Aufl. Bremen 1877. cart. 1. —.
97. ***Holtei,** Frz. v., Die Vagabunden. Roman in 3 Bdn. 5. Aufl. Breslau 1876. 4. 50.
98. *— Christian Lammfell. Roman in 5 Thln. 4. Aufl. Breslau 1878. 6. —.
99. — Schlesische Gedichte. Mit Glossarium von K. Weinhold. 16. Aufl. 16. Breslau 1878. 2. —.
100. ***Hopfen,** Hans, Der alte Praktikant. Eine bayrische Dorfgeschichte. Stuttgart 1878. 5. —.
101. ***Horn,** W. O. v. [W. Oertel], Gesammelte Erzählungen. Neue Volksausg. Mit 12 Illustr. und dem Bildniß des Verf. 50 Lief. gr. 16. Frankfurt a. M. 1860—1862. jede Lief. Mk. 0,40. 20. —.
102. *— Dasselbe. Suppl.=Bde. 3 Bde. in 15 Lief. Frankfurt a. M. 1862—1863. à Lief. Mk. 0,40.
103. ***Immermann,** Karl, Der Oberhof. Aus dessen Münchhausen. Klassiker=Ausg. Illustrirt von P. Vautier. 2. Aufl. gr. 16. Berlin 1877. 1. —.
104. **Keller,** Gottfr., Die Leute von Seldwyla. Erzählungen. 2 Bde. 3. Aufl. Stuttgart 1876. 6. —.
105. **Körber,** Phil., Faet der Saffranhändler. Volksschrift. Nürnberg 1851. 2. 70.
106. — Leonhard Thummet, der Bürger. Volksschrift. Nürnberg 1851. 2. 10.
107. — Karl Wanderup der Knabe von Schleswig. Eine Erzählung aus Deutsch= lands Nordmark für Deutschlands Jugend und das deutsche Volk. Nürn= berg 1864. 1. —.
108. **Kühne,** Gust., Klosternovellen. Neue Aufl. Leipzig 1862. (Kühne's ge= sammelte Schriften Bd. 2.) 3. —.
109. **Kurz,** Herm., Der Sonnenwirth. Schwäbische Volksgeschichte aus dem vorigen Jahrhundert. 3 Bde. 2. Aufl. gr. 16. Berlin 1862. 4. 50.
110. ***Lenz,** Ph., Militärische Humoresken. 16. Leipzig. (Reclam's Univ.=Bibl. Bd. 710. 728. 795. 850. 897.) 1. —.
111. *— Soldaten=Freud' und Leid. Neue Militär=Humoresken. Leipzig 1876. 1. —.
112. **Ludwig,** Otto, Zwischen Himmel und Erde. Erzählung. 5. Aufl. Berlin 1877. (Hausbibliothek Bdchn. 7—10.) —. 60.
113. **Messerer,** Th., Der Schlagring. Eine Erzählung. Mit 1 Bilde von L. Bech= stein. Bremen 1874. cart. 1. —.
114. — Treue Herzen. Zwei Erzählungen aus den bayer. Bergen. Mit 1 Bilde von L. Bechstein. Bremen 1875. cart. 1. —.

115. **Messerer**, Th., Die Schneidemühle an der Klamm. Ein Bild aus den bayer. Bergen. Bremen 1878. —. 50.

116. *****Meyr**, Melch., Erzählungen aus dem Ries. 3. Aufl. 4 Bde. Leipzig 1875. 24. —

117. ***— Dasselbe. Neue Folge. Hannover 1870. 2. 25.

118. — **Emilie.** Drei Gespräche über Wahrheit, Güte und Schönheit. Stuttgart 1863. 2. 25.

119. **Mügge**, Theod., Afraja. Ein Roman. 2. Aufl. 3 Bde. gr. 16. Breslau 1863. (Mügge's Romane. Gesammtausg. Bd. 13—15.) 4. 50.

120. **Münchhausen**, des Freiherrn von, wunderbare Reisen und Abenteuer zu Wasser und zu Lande, wie er dieselben bei der Flasche im Zirkel seiner Freunde selbst zu erzählen pflegte. Zuerst gesammelt und engl. herausg. von R. E. Raspe. Uebersetzt und erweitert von G. A. Bürger. 10. Ausg. Mit 16 Federzeichnungen. gr. 16. Göttingen 1870. 1. 60.

121. *****Nieritz**, Gust., Ausgewählte Erzählungen. 1.—16. Bdchn. gr. 16. Stuttgart 1873—1875. jed. Bdchn. cart. Mk. 0,75. 12. —

122. **Putlitz**, Gust. zu, Was sich der Wald erzählt. Ein Märchenstrauß. 41. Aufl. 16. Berlin 1881. geb. 3. —

123. **Raabe**, Wilh. [Jac. Corvinus], Horacker. Mit Illustr. 2. Aufl. Berlin 1876. cart. 3. —

124. — Die Chronik der Sperlingsgasse. Neue Ausg. m. Illustr. Berlin 1877. cart. 3. —

125. — Der Hungerpastor. Ein Roman in 3 Bdn. 3. Aufl. Berlin 1877. 5. —

126. **Reuter**, Fritz, sämmtliche Werke. 15 Bde. Wismar 1869—1875. jed. Bd. Mk. 3,45. 51. 75.

127. **Riehl**, W. H., Gesammelte Geschichten und Novellen. Neueste Ausg. 2 Bde. Stuttgart 1879. 6. —

128. — Geschichten aus alter Zeit. 2 Bde. Stuttgart 1865—1867. 9. —

129. — Aus der Ecke. Sieben neue Novellen. 2. Aufl. Bielefeld 1875. 6. —

130. — Am Feierabend. Sechs neue Novellen. 2. Aufl. Stuttgart 1881. 6. —

131. **Roquette**, Otto, Waldmeisters Brautfahrt. Ein Rhein-, Wein- und Wandermärchen. 43. Aufl. 16. Stuttgart 1876. cart. 2. —

132. **Rosegger**, P. K., Geschichten aus Steiermark. Pest 1871. 4. 50.

133. — In der Einöde. Eine Geschichte in 2 Büchern. Pest 1872. 4. 50.

134. — Geschichten aus den Alpen. 2 Bde. Pest 1873. 9. —

135. — Aus Wäldern u. Bergen. Stille Geschichten. gr. 16. Braunschweig 1875. 3. 60.

136. *— Lustige Geschichten. Wien 1879. 4. —

137. *****Schatz** deutscher Volkserzählungen. 1., 4., 5., 6. Bdchn. Braunschw. 1873. 3. 80.
Inhalt: Bdchn. 1. Trebitz, K., Der Trutenbaum. Eine Geschichte aus dem 30jähr. Kriege. Mk. 1,20. — Bdchn. 4. Hofmann, E. Th. A., Meister Martin der Küfner und seine Gesellen. Erzählung. Mk. 0,80. — Bdchn. 5. Kleist, H. v., Michael Kohlhaas. Historische Erzählung. Mk. 0,80. — Bdchn. 6. Nordheim, Josias, Die Revolution in Filzheim. Für's Volk erzählt. Mk. 1.

138. *****Schaumberger**, Heinr., gesammelte Werke. 1.—4., 8. Bd. Wolfenbüttel. 10. 40.
Inhalt: Bd. 1. Im Hirtenhaus. Eine oberfränkische Dorfgeschichte. 4. Aufl. 1877. Mk. 2. — Bd. 2. 3. Bergheimer Musikantengeschichten. 2 Bde. 2. Aufl. 1876. Mk. 4. — Bd. 4. Zu spät. Ein Dorfroman. 2. Aufl. 1877. Mk. 2,40. — Bd. 8. Vater und Sohn. Eine oberfränkische Dorfgeschichte. 2. Aufl. 1878. Mk. 2.

139. **Scheffel**, J. V. v., Ekkehard. Eine Geschichte aus dem 10. Jahrhundert. Wohlf. Ausg. Berlin 1869. 3. —

140. — Juniperus. Geschichte eines Kreuzfahrers. Stuttgart 1878. 6. —

141. — Der Trompeter von Säkkingen. Ein Sang vom Oberrhein. 83. Aufl. gr. 16. Stuttgart 1880. 3. 60.

142. — Gaudeamus. Lieder aus dem Engeren und Weiteren. 54. Aufl. Stuttgart 1880. 3. 60.

143. *****Schmid**, Herm., Das Schwalberl. Ein Bauernroman aus dem oberbairischen Gebirge. 2 Thle. gr. 16. Leipzig 1867. (Schmid's gesammelte Schriften. Volks- u. Familien-Ausg. Bd. 4 u. 5.) 1. 50.

144. *— Die Z'widerwurz'n. 16. Leipzig. (Reclam's Univ.-Bibl. Bd. 1021.) —. 20.

145. *****Schmidt-Weißenfels**, Deutsche Handwerker-Bibliothek. 13 Bde. Stuttgart 1878—81. jed. Bd. Mk. 0,50. 6. 50.
Inhalt: Bd. 1. Zwölf Schneider. Historisch-novellistische Bilder der bemerkenswerthesten Zunftgenossen. — Bd. 2. Zwölf Schuhmacher. — Bd. 3. Zwölf Buchdrucker.

— Bd. 4. Zwölf Bäcker. — Bd. 5. Zwölf Metzger. — Bd. 6. Zwölf Barbiere. — Bd. 7. Zwölf Goldarbeiter. — Bd. 8. Zwölf Schmiede. — Bd. 9. Zwölf Buchbinder. — Bd. 10. Zwölf Töpfer. — Bd. 11. Zwölf Männer vom Bau. — Bd. 12. Zwölf Schlosser. — Bd. 13. Zwölf Uhrmacher.

146. *Schröder, Wilh., Humoresken. 2 Bde. 16. Leipzig. (Reclam's Univ.=Bibl. Bd. 451 u. 488.) — 40.

147. Schubert, Gotthilf Heinr. v., Erzählende Schriften für christlich gebildete Leser jeden Standes und Alters. 7 Bde. in 29 Lieferungen. Erlangen 1865—67. 17. 40.
Inhalt: Bd. 1. Seebilder. Mk. 2,40. — Bd. 2. Die Auswanderer. Der Meeresstrom. Des Vaters Segen baut den Kindern Häuser. Hansel von Diet= furt. Züge aus dem Leben der Morgenländer. Die Türken von ihrer Licht= und Schattenseite. Mk. 3. — Bd. 3. Abth. 1. Kleine Erzählungen. Mk. 1,20. — Bd. 3. Abth. 2. Dasselbe. Mk. 1,20. — Bd. 4. Abth. 1. Fragen und Ant= worten über das Diesseits und Jenseits. Der Vorhof der Heiden und Israel's Tempel. Mk. 1,20. — Bd. 4. Abth. 2. Vorbilder und Bilder aus dem Leben. Mk. 1,60. — Bd. 5. Spiegel der Natur. Mk. 2,40. – Bd. 6. Abth. 1 u. 2. Reise nach dem südlichen Frankreich und durch die südlichen Küstengegenden von Piemont und Italien. Mk. 2.40. — Bd. 7. Wanderbüchlein eines reisenden Ge= lehrten nach Salzburg, Tirol und der Lombardei. Mit der Reise über das Wormser Joch nach Venedig. Mk. 1,80.

148. Schücking, Levin, Filigran. Hannover 1870. 1. 50.
Inhalt: L. Krüger. Der gefangene Dichter. Die Novizen. Die schwarz=weiße Perle.

149. — Dasselbe. Neue Folge. Hannover 1872. 1. 50.
Inhalt: Die Thurmschwalbe. Pulver und Gold.

150. — Aus heißen Tagen. Geschichten. Stuttgart 1874. 5. —.
Inhalt: Die Diamanten der Großmutter. Die Visitenkarte.

151. *Schwab, Gust., Die deutschen Volksbücher für Jung und Alt wiedererzählt. 8. wohlf. Ausg. Mit 8 Holzschn. Gütersloh 1872. (Auch in Reclam's Univ.= Bibl. Bd. 1424. 1447.) 4. —.

152. Silberstein, Aug., Dorfschwalben aus Oestreich. Geschichten. 2 Bde. München 1862—63. 7. 20.

153. — Dasselbe. Neue Folge. I. Der Hallodri. Eine Dorfgeschichte. Berlin 1868. 3. —.

154. Simrock, Karl, Das deutsche Räthselbuch. 3. Aufl. Frankfurt a. M. 1874. 1. 50.

155. *Sommer, Ant., Bilder und Klänge aus Rudolstadt in Volksmundart. Ge= sammtausg. 2 Bde. 11. Aufl. 12. Rudolstadt 1881. geb. 7. 50.

156. Spielhagen, Friedr., Novellen. 2 Bde. Leipzig 1872. 9. —.
Inhalt: Bd. 1. Clara Vere. Auf der Düne. In der zwölften Stunde. Röschen vom Hofe. — Bd. 2. Die schönen Amerikanerinnen. Hans und Grete. Die Dorfcoquette. Deutsche Pioniere.

157. — Hammer und Amboß. Roman. 2 Bde. 8. Aufl. Leipzig 1881. 7. —.

158. — Ultimo. Novelle. 9. Aufl. Leipzig 1881. 1. —.

159. Steub, L., Gesammelte Novellen. Stuttgart 1881. 5. —.

160. Stifter, Adalb., Studien. Ster.=Ausg. in 3 Bdn. Mit dem Bildniß des Verf. Preßburg 1878. 9. —.

161. — Bunte Steine. 6. Aufl. Leipzig 1881. 3. —.

162. *Stöber, Karl, Erzählungen. Gesammtausgabe. 2 Bde. 4. Aufl. Mit 22 Bildern in Stahlstich von Ludw. Richter u. A. Karst. Leipzig 1876. 10. —.

163. *Stolle, Ferd., Die Erbschaft in Kabul. Komischer Roman. 2 Bde. Leipzig 1859. (Stolle's ausgewählte Schriften Bd. 17. 18.) 1. 50.

164. *— Deutsche Pickwickier. Komischer Roman. 3 Thle. 3. Aufl. Leipzig 1878. 3. —.

165. Storm, Theod., Im Sonnenschein. Drei Sommergeschichten. 5. Aufl. 16. Berlin 1871. geb. 3. —.
Inhalt: Im Sonnenschein. — Marthe und ihre Uhr. — Im Saal.

166. — Immensee. 23. Aufl. 16. Berlin 1881. geb. 3. —.

167. Weitbrecht, G., Heilig ist die Jugendzeit. Ein Buch für Jünglinge. 3. Aufl. Stuttgart 1881. 4. —.

168. *Wildermuth, Ottilie, Bilder und Geschichten aus Schwaben. 5. Aufl. 2 Bde. gr. 16. Stuttgart 1865. 6. —.

169. Wolff, Jul., Der Rattenfänger von Hameln. Eine Aventiure. 15. Aufl. Berlin 1881. 4. —.

170. — Der wilde Jäger. Eine Waidmannsmär. 12. Aufl. Berlin 1881. 4. —.

II. Ausländische Litteratur.

1. Allgemeines.

171. **Novellenschatz** des Auslandes. Hrsg. von Paul Heyse und Herm. Kurz. 14 Bde. München 1872—1875. jeb. Bd. Mk. 1,50. zusammen 10. —.
Inhalt:
Bd. 1. Mérimée, Prosper, Colomba. Aus dem Französ. von L. Schneegans. — Turgénjeff, Iwan, Faust. Aus dem Russ. von Claire von Glümer.
Bd. 2. Barrili, A. G., eine abenteuerliche Nacht. Aus dem Ital. v. Joh. Kugler. Musset, Alfr. de, Das Schönpflästerchen. Aus dem Französ. v. L. Schneegans. — Caballero, Fern., Schweigen im Leben, im Sterben vergeben. Aus dem Span. v. L. Laistner. — Puschkin, Alex., Ein Schuß. Aus dem Russ. v. C. von Glümer. — Dickens, Charl., Das Heimchen am Herde. Aus dem Engl. v. N. N.
Bd. 3. Irving, Wash., Wolfert Webber oder goldene Träume. Aus dem Engl. v. A. Scheibe. — Hahn, Helene, Utballa. Aus dem Russ. v. C. von Glümer. — Sand, George, Der Teufelssumpf. Aus dem Französ. v. L. Schneegans.
Bd. 4. Reybaud, Mad. Charles, Advokat Loubet. Aus dem Französ. v. L. Hamm. — Puschkin, A., Pique Dame. Aus dem Russ. v. C. von Glümer. — Ongaro, Franc. dall', Die Tauben des heil. Marcus. Aus dem Ital. v. Pauline Schanz. — Alarcon, Pedro A. de, Das Klappenhorn. Aus dem Span. v. L. Laistner. — Ouida, Deadly Dash. Aus dem Engl. v. A. Scheibe.
Bd. 5. About, Edm., Das Regiments-Album. Aus dem Französ. v. W. L. Hertz. — Caballero, Fern., Servil und Liberal oder drei Taubenherzen. Aus dem Span. v. L. Laistner. — Bernhard, Carl, Tante Franziska. Aus dem Dän. v. L. von Liliencron. — Die blauäugige Jungfrau. Erzählung eines engl. Küsten-wächters. Aus dem Engl. v. A. Scheibe.
Bd. 6. Arnaud, Henr. E. F. [Mad. Reybaud], Das Fräulein von Malpeire. Aus dem Franz. v. L. Hamm. — Turgénjeff, Iwan, Erste Liebe. Aus dem Russ. v. C. von Glümer.
Bd. 7. Ongaro, F. dall', Die Montenegrinerin. Aus dem Ital. v. B. I. — Wetterbergh, C. A., Vierklee. Aus dem Schwed. v. L. Passarge. — Balzac, H. de, Kapitän Paz. Aus dem Französ. v. A. Scheibe. — Standhaft und treu. Aus dem Poln. de Jof. Korzeniowski.
Bd. 8. Balzac, H. de, Die Blutrache. Aus dem Französ. v. L. Schneegans. — Winther, Christ., Eine Abendscene. Aus dem Dän. v. A. Strodtmann. — Cremer, J. J., Der Vetter vom Lande. Aus dem Niederländ. von A. Glaser. — Jókai, M., Die Gattin des Gefallenen. Aus dem Ungar. v. ***. — Moreau, Heg., Die kleinen Schuhe.
Bd. 9. Thackeray, W., Samuel Titmarsch und der große Hoggarty-Diamant. Aus dem Engl. v. A. Scheibe. — Feuillet, Oct., Julie von Trécoeur. Aus dem Französ. v. A. Godin.
Bd. 10. Björnson, B., Synnöve Sobakken. Aus dem Norweg. v. L. Passarge. — Blicher, St. St., Marie. Aus dem Dän. v. L. von Liliencron. — Reybaud, Mad. Ch., Theobald. Aus dem Französ. v. M. Kalbeck. — Mascheroni, Carlo, Das Alibi. Aus dem Ital. v. M. Helene.
Bd. 11. Ulbach, Louis, Die beiden Aerzte. Aus dem Französ. von F. C. — Némec (Nomcová), Bozena, Karla. Aus dem Böhm. v. F. von Helfert. — Gold-schmidt, M., Masser. Aus dem Dän. v. L. von Liliencron. — Nerval, G. de, Emilie. Aus dem Französ. v. A. Scheibe.
Bd. 12. Bret Harte, Kunde vom Wasser und Land. Aus dem Engl. v. A. Godin. — Poe, Edgar Allan, Der Mord in der Rue Morgue. Aus dem Engl. v. A. Scheibe. — Nodier, Charles, Franciscus Columna. Aus dem Französ. v. C. Wulsten. — Jókai, M., Die Unterhaltung wider Willen. Aus dem Ungar. v. S. Bródy. — Ulbach, Louis, Eine gefährliche Unschuld. Aus dem Französ. v. N. B. — Etlar, Carit, Zwei Striche. Aus dem Dän. v. ***.
Bd. 13. Tolstoy, Leo, Eheglück. Aus dem Russ. v. C. von Glümer. — Beyle, Henry, San Francesco a Ripa. Aus dem Französ. v. I. Kurz. — Bret Harte, das Glück von Roaring Camp. Aus dem Engl. v. A. Scheibe. — Mérimée, P., Lokis. Aus dem Französ. v. A. Scheibe.

Bd. 14. Gobineau, A. Graf v., Das rothe Tuch. Aus dem Franz. v. J. Kurz. — Pissenski, A. H., Der Waldteufel. Aus dem Russ. v. C. von Glümer. — Ein Salomonisches Urtheil. Aus dem Engl. v. A. Scheibe. — Vigny, A. de, Laurette. Aus dem Französ. v. A. Scheibe. — Broughton, R., Der arme hübsche Bobby. Aus dem Engl. v. A. Scheibe. — Stendhal [Henry Beyle], Vanina Vanini. Aus dem Französ. v. J. K.

2. Griechen und Römer.

172. **Geibel**, Eman., Classisches Liederbuch. Griechen und Römer in deutscher Nach=
bildung. 3. Aufl. Berlin 1879.   6. —.
173. **Herodot's** Geschichte. Deutsch von Heinrich Stein. 2 Bde. Hamburg 1875.   9. —.
174. **Homer's** Werke von Johann Heinrich Voß. 2 Bde. gr. 16. Stuttgart 1869.
(Auch in Reclam's Univ.=Bibl. Bd. 251—253. 281—283.)   2. 50.
175. *— Odyssee, bearbeitet von Ferd. Schmidt. Mit 32 Holzschn. von G. Bartsch.
5. Aufl. Berlin 1870.   geb. —.
176. **Sophokles.** Deutsch in den Versmaßen der Urschrift von J. J. C. Donner.
9. Aufl. 2 Thle. in 1 Bd. Leipzig 1880. (Einzelne Werke in Reclam's Univ.=
Bibl.)   6. —.
177. **Caesar**, Cajus Julius, Denkwürdigkeiten vom gallischen Kriege, übers. v. R.
Rößler. 3 Hefte. 2. Aufl. 16. Leipzig 1878.   1. —.
178. **Tacitus**, C. Cornelius, Die Germania. Uebers. v. A. Bacmeister. 2. Aufl.
Stuttgart 1881.   1. 20.
179. **Virgil's** Aeneis. Von Joh. Heinr. Voß. 16. Leipzig. (Reclam's Univ.=Bibl.
Bd. 461. 462).   geb. —. 80.

3. Italiener, Spanier, Franzosen.

180. **Leopardi**, Giac., Gedichte. Verdeutscht von R. Hamerling. Hildburghausen.
(Bibliothek ausländischer Classiker Bd. 34.)   —. 70.
181. **Manzoni**, Alex., Die Verlobten. Eine Mailänder Geschichte aus dem 17. Jahr=
hundert. Bearbeitet für die reifere Jugend von A. Werfer. 2. Aufl. Tübingen
1863. (Auch in Reclam's Univ.=Bibl. Bd. 471—476.)   2. —.
182. **Tasso**, Torquato, Das befreite Jerusalem. Uebersetzt von J. D. Gries. 13.
Aufl. 2 Thle. Berlin 1874. (Auch in Reclam's Univ.=Bibl. Bd. 445—448.) 2. —.
183. **Cervantes de Saavedra**, Miguel, Der sinnreiche Junker Don Quixote von
La Mancha. Aus dem Spanischen übersetzt, mit dem Leben von M. Cervantes nach
Viardot und einer Einleitung von H. Heine. Mit Jllustr. 2 Bde. Stuttgart
1871. (Auch in Reclam's Univ.=Bibl. Bd. 821—830.)   9. —.
184. **Béranger**, P. J. de, Lieder und Chansons. Uebertragen von A. Laun. gr. 16.
Bremen 1869. (Auch in Reclam's Univ.=Bibl. Bd. 452. 453.)   2. —.
185. **Fénélon**, Die Abenteuer des Telemach. Deutsch von Th. Schmidt. Leipzig
1876—77. (Hausbibliothek ausländischer Classiker Heft 16—20. — Auch in Reclam's
Univ.=Bibl. Bd. 1327—1330.)   2. 50.
186. **Laboulaye**, Ed., Paris in Amerika, von Dr. René Lefébure aus Paris. Nach
der 19. Aufl. des franz. Originals übersetzt von H. Pemsel. 2. Aufl. Erlangen
1868.   3. —.
187. **Molière**, Ausgewählte Lustspiele. Uebersetzt von A. Laun. Mit Molière's
Portrait. Leipzig 1881.   4. —.
188. — Tartüffe. 16. Leipzig. (Reclam's Univ.=Bibl. Bd. 74.)   —. 20.
189. **Olivier**, Urban, Der Verwaiste. Eine Dorfgeschichte. 3. Aufl. des Originals.
Aus dem Französ. übersetzt. Halle 1868.   3. —.
190. — Die Tochter des Försters. Eine Dorfgeschichte aus dem Waadtland. Frei
aus dem Französ. übersetzt. 3. Aufl. Gotha 1877.   2. 80.
191. **Sand**, George, Der Teufelssumpf. Deutsch von A. Cornelius. Hildburghausen
1865. (Bibl. ausländ. Classiker Bd. 21.)   —. 50.
192. **St. Pierre**, J. H. Bernardin de, Paul und Virginie. Ein Gemälde der Natur.
Aus dem Französischen. gr. 16. Leipzig 1870. (Auch in Reclam's Univ.=Bibl.
Bd. 309.)   —. 25.
193. **Töpffer**, Rud., Genfer Novellen. Vollständige deutsche Ausgabe in 3 Bdn.
gr. 16. Berlin 1858.   1. 20.

4. Engländer und Amerikaner.

194. **Boz** [Charles Dickens], Oliver Twist. Aus dem Engl. von H. Roberts. 4. Aufl.
gr. 16. Leipzig 1863. (Sämmtliche Werke Bd. 7—9.) 3. —.
195. — Das Heimchen auf dem Herde. Aus dem Engl. übersetzt. 2. Aufl. 16.
Elberfeld 1874. 2. —.
196. — Ein Weihnachtslied in Prosa. Neu aus dem Engl. übersetzt. 2. Aufl. 16.
Elberfeld 1874. 2. —.
197. — Die Pickwickier. Aus dem Engl. v. C. Kolb. 3. Aufl. 2 Bde. Leipzig
1878. 4. —.
198. — Skizzen aus London. 16. Leipzig. —. 80.
(Sämmtlich auch in Reclam's Univ.-Bibl. Bd. 981—986. 865. 788. 593—596.
1157—1160.)
199. — David Kopperfield. Neu überf. von Auguste Scheibe. Mit Einleitung von
Julian Schmidt. 4 Bde. Halle 1878—79. 6. 40.
200. **Bulwer-Lytton**, E., Die letzten Tage Pompeji's. Ein Roman. Aus dem
Engl. von F. Notter. 4 Thle. gr. 16. Stuttgart 1863. 1. 80.
201. — Rienzi, der letzte Tribun. Ein Roman. Aus dem Engl. von G. Pfizer.
5 Thle. gr. 16. Stuttgart 1863. 2. 10.
(Beide auch in Reclam's Univ.-Bibl. Bd. 741—745. 881—885.)
202. **Burns**, Rob., Lieder und Balladen. Deutsch von A. Laun. 2. Aufl. gr. 16.
Berlin 1877. (Auch in Reclam's Univ.-Bibl. Bd. 184.) 2. —.
203. **Byron**, Lord, lyrische Gedichte. Ausgewählt und übersetzt von H. Stadelmann.
Hildburghausen 1872. (Bibliothek ausländischer Classiker Bd. 145.) —. 75.
204. **Cooper**, J. F., Der letzte Mohikaner. 16. Leipzig. (Reclam's Univ.-Bibl.
Bd. 875—877.) —. 60.
205. — Der Spion. 16. Leipzig. (Ebendaselbst Bd. 1016—1018.) —. 60.
206. *De Foe, Daniel, Leben und Schicksale des Robinson Crusoe. Aus dem Engl.
übertragen von K. Altmüller. Hildburghausen. (Bibliothek ausländischer Classiker
Bd. 94. 95.) geb. 1. 75.
207. **Fielding**, Henry, Geschichte des Tom Jones. 1750. Aus dem Engl. von
A. Diezmann. 6 Bde. 12. Braunschweig 1840. (Classische Bibliothek der älteren
Romandichter Englands Bd. 25—30. — Auch in Reclam's Univ.-Bibl. Bd. 1191
bis 1198.) 6. —.
208. *Goldsmith, Oliver, Der Landprediger von Wakefield. Deutsch von K. Eitner.
Hildburghausen. (Bibliothek ausländischer Classiker Bd. 111.) geb. 1. 40.
209. *— Der Prediger von Wakefield. Eine Erzählung. Aus dem Engl. neu übersetzt. 16. Leipzig 1870. —. 30.
210. **Harte**, Bret, Californische Novellen. Uebersetzt von W. Hertzberg. gr. 16.
Leipzig 1873. 2. 40.
211. — Californische Erzählungen. 16. Leipzig. (Reclam's Univ.-Bibl. Bd. 571.
607. 629. 671. 712. 1069. 1127. 1164. 1204. 1230.) 2. —.
212. **Irving**, Washington, Skizzenbuch. Deutsch von Jenny Piorkowska. Leipzig
1876. (Hausbibliothek ausländischer Classiker Heft 8—12. — Auch in Reclam's
Univ.-Bibl. Bd. 1031—1034.) 2. 50.
213. *Kleinigkeiten. Nach dem Englischen. 7. Aufl. 16. Bremen 1878. geb. 1. —.
214. **Longfellow**, H. W., Der Sang von Hiawatha. Uebersetzt von K. Knortz.
Jena 1872. (Auch in Reclam's Univ.-Bibl. Bd. 339. 340.) 2. 70.
215. **Scott's**, Walter, schönste Romane. Uebersetzt von R. König. Bd. 1—3. (Mit
Tonbildern.) Bielefeld 1874. geb. 15. —.
Inhalt: Bd. 1. Ivanhoe. Historischer Roman. — Bd. 2. Quentin Durward.
Historischer Roman. — Bd. 3. Der Talisman. Eine Kreuzfahrergeschichte.
(Einzelne Romane in Reclam's Univ.-Bibl.)
216. **Shakespeare's** dramatische Werke. Uebersetzt von Aug. Wilh. v. Schlegel und
Ludw. Tieck, durchgesehen von Mich. Bernays. 12 Bde. Berlin 1871—73. 9. 60.
217. — sämmtliche dramatische Werke. Uebersetzt von A. Böttger, H. Döring, A.
Fischer u. A. 19. Aufl. In 12 Bdn. mit 12 Stahlst. 16. Leipzig 1873. (Einzelne Werke in Reclam's Univ.-Bibl.) 4. 50.
218. **Smollett**, Tob., Humphrey Clinkers' Reisen. 1771. Aus dem Engl. übersetzt
von H. Döring. 3 Thle. 12. Braunschweig 1839. (Classische Bibliothek der
älteren Romandichter Englands Bd. 11—13.) 3. —.

219. ***Swift**, Jonathan, Gulliver's Reisen in unbekannte Länder. Für die reifere Jugend frei nach dem Engl. bearb. v. K. Seifart. Mit Bildern. Stuttgart 1870.
geb. 3. —.
220. **Tennyson**, Alfr., Ausgewählte Dichtungen. Deutsch von A. Strodtmann. Hildburghausen. (Bibliothek ausländischer Classiker Bd. 64.) geb. 1. 40.

5. Dänen und Skandinavier.

221. **Andersen**, H. C., Sämmtliche Märchen. 20. Aufl. Illustrirte Volks=Ausg. Leipzig 1879. (Auch in Reclam's Univ.=Bibl. Bd. 691—700.) cart. 3. 60.
222. **Björnson**, B., Bauernnovellen. Aus dem Norwegischen übertragen v. E. Lobedanz. 2 Thle. Hildburghausen. (Bibliothek ausländischer Classiker Bd. 12. 13.) 1. 20.
223. **Edda**, die ältere und jüngere, nebst den mythischen Erzählungen der Skalda überf. von Karl Simrock. 7. Aufl. Stuttgart 1878. (Auch in Reclam's Univ.=Bibl. Bd. 781—784.) 8. —.
224. **Tegnér**, Esaias, Frithjofssage. 16. Aufl. Volks=Ausg. 16. Halle 1878. (Auch in Reclam's Univ.=Bibl. Bd. 422. 423.) geb. 1. 80.

6. Russen.

225. **Gogol**, Nikolai, Die todten Seelen. Ein satirisch=kom. Zeitgemälde aus dem Russ. 16. Leipzig. (Reclam's Univ.=Bibl. Bd. 413. 414.) —. 40.
226. **Puschkin**, Alex., Der Gefangene im Kaukasus. Frei nach dem Russ. von A. Seubert. 16. Leipzig. (Reclam's Univ.=Bibl. Bd. 386.) —. 20.
227. — Onegin. Roman in Versen. Frei nach dem Russ. von A. Seubert. 16. Leipzig. (Reclam's Univ.=Bibl. 427. 428.) geb. —. 80.
228. **Turgénjew**, Iwan, Väter und Söhne. Mit einem Vorwort des Verf. 2. Aufl. Mitau 1873. (Ausgewählte Werke Bd. 1.) 4. 50.
229. — Skizzen aus dem Tagebuche eines Jägers. 2 Thle. Mitau 1875. (Ausgewählte Werke Bd. 8. 9.) 9. —.

III. Sage, Geschichte, Lebensbeschreibungen.

1. Sage.

230. **Diestel**, Ludw., Die Sintflut und die Flutsagen des Alterthums. 2. Aufl. Berlin 1876. (Sammlung gemeinverständl. Vorträge H. 137.) —. 75.
231. ***Mehl**, Herm., Die schönsten griechischen Sagen aus dem Alterthum. Mit Illustr. Leipzig. 3. —
232. **Rösselt**, Friedr., Lehrbuch der griechischen und römischen Mythologie für höhere Töchterschulen. 6. Aufl. Hrsg. von Friedr. Kurts. Mit Abbild. Leipzig 1874. 6. —
233. **Petiscus**, A. H., Der Olymp oder Mythologie der Griechen und Römer. Mit Einschluß der ägyptischen, nordischen und indischen Götterlehre. 18. Aufl. Mit Abbild. Leipzig 1878. 3. 50.
234. ***Schwab**, Gust., Die schönsten Sagen des classischen Alterthums. 13. Aufl. Mit 8 Holzschn. Gütersloh 1880. geb. 3. 60.
235. **Stoll**, H. W., Die Götter und Heroen des classischen Alterthums. Populäre Mythologie der Griechen und Römer. 2 Bde. Mit Abbild. 6. Aufl. Leipzig 1879. 4. 50.
236. ***Bäßler**, Ferd., Die schönsten Heldengeschichten des Mittelalters. Ihren Sängern nacherzählt und für die Jugend und das Volk bearb. 5 Hefte. Leipzig. 5. 75.
Inhalt: Heft 1. Die Frithjof=Sage. 1879. Mk. 0,75. — Heft 2. Der Nibelungen Noth. 3. Aufl. 1875. Mk. 1,25. — Heft 3. Gudrun. 1880. Mk. 1,25. — Heft 4. Die Rolands=Sage. 1875. Mk. 1,25. — Heft 5. Die Alexander=Sage. 2. Aufl. 1875. Mk. 1,25.
237. ***Osterwald**, K. W., Erzählungen aus der alten deutschen Welt für Jung und Alt. 8 Thle. Halle. 16. 75.
Inhalt: Thl. 1. Gudrun. 5. Aufl. Mit 2 Holzschn. 1877. cart. Mk. 2. — Thl. 2. Siegfried und Kriemhilde. 5. Aufl. Mit Holzschn. 1878. cart. Mk. 2,50. — Thl. 3. Walther von Aquitanien. Dietrich und Ecke. 3. Aufl. 1874. cart. Mk. 2. — Thl. 4. König Rother. Engelhard. 3. Aufl. 1876. cart. Mk. 2. — Thl. 5. u. 6. Parcival. 2 Bde. 4. Aufl. 1876. Mk. 4. — Thl. 7. Erzählungen aus dem Kreise der longobardischen und der Dietrichs=Sage: König Ortnit. Dietrich

und seine Gesellen. Alpharts Tod. Die Ravennaschlacht. 2. Aufl. 1875. cart. Mk. 2. — Thl. 8. Beowulf. Zwein. Wieland der Schmied. 2. Aufl. 1877. cart. Mk. 2,25.

238. **Pröhle**, Heinr., Deutsche Sagen. Mit Illustr. Berlin 1863. 4. —.

239. **Richter**, Alb., Deutsche Heldensagen des Mittelalters. 2. Aufl. 2 Bde. Leipzig 1870. 8. —.

240. **Tharau**, H., Die schönsten Sagen der deutschen Heimat. Mit 6 Tonbildern. Halle 1878. cart. 3. —.

241. **Wägner**, Wilh., Die Nibelungen. Nach nordischer und deutscher Dichtung er=zählt. Mit Illustr. Wohlf. Ausg. Leipzig 1878. 2. —.

242. **Gräße**, Joh. Georg Theod., Der Sagenschatz des Königreichs Sachsen. 2 Bde. 2. Aufl. Dresden 1874. 10. 50.

2. Allgemeine Geschichte.

243. **Becker**, Karl Friedr., Weltgeschichte für das deutsche Volk. Achte bis auf die Gegen=wart fortgeführte Ausg. Hrsg. von Ad. Schmidt, mit der Fortsetzung von Ed. Arnd. 4. Aufl. 22 Bde. u. 2 Suppl.=Bände: Geschichte der Jahre 1871 bis 1877 von Const. Bulle. Leipzig 1874—79. 54. —.

244. **Bredow**, G. G., Lehrbuch der Weltgeschichte oder umständlichere Erzählung der merkwürdigen Begebenheiten aus der allgemeinen Weltgeschichte. Besonders für Bürger= und Landschulen, sowie auch für Töchterschulen und zum Selbstunterricht. 15. Aufl. Altona 1866. 3. .

245. — Merkwürdige Begebenheiten aus der allgemeinen Weltgeschichte. Ausführlichere Bearbeitung für Bürger= und Volksschulen. Hrsg. von Fr. Harder. 36. Aufl. Altona 1876. —. 50.

246. **Geschichtsbilder** für Jugend u. Volk. 15 Bdchn. Leipzig 1877—79. jed. Bdchn. Mk. 1,20. 19. 10.
Inhalt: Bdchn. 1. Ramdohr, E., Wallenstein. — Bdchn. 2. Ramdohr, E., Drei Kaiser aus der Hohenstaufenzeit: Heinrich VI., Philipp von Schwaben, Otto IV. — Bdchn. 3. Tschache, G., Conradin, der Letzte der Hohenstaufen. — Bdchn. 4. Tschache, G., Gustav Wasa, der Befreier Schwedens. — Bdchn. 5. Böhm, W., Markgraf Albrecht Achilles von Brandenburg. (Doppelbdchn.) — Bdchn. 6. Würdig, L., Königskrone und Bettelstab. Die Schicksale Kurfürst Friedrichs V. von der Pfalz. — Bdchn. 7. Würdig, L., Götz von Berlichingen mit der eisernen Hand. — Bdchn. 8. Ramdohr, E., Friedrich II., der Hohenstaufe. — Bdchn. 9. Foß, R., Carl der Große. — Bdchn. 10. Hoffmeister, H., Der Marschall Vorwärts: Leberecht Fürst Blücher von Wahlstatt. — Bdchn. 11. Klee, E., George Washington u. Benjamin Franklin, die Begründer der Vereinigten Staaten. — Bdchn. 12. u. 13. Richter, A., Bilder aus dem deutschen Ritterleben. 2 Thle. — Bdchn. 14. Foß, R., Attila in der Geschichte und Sage. — Bdchn. 15. Richter, A., Die deutschen Landsknechte.

247. **Grube**, A. W., Charakterbilder aus der Geschichte und Sage, für einen propädeu=tischen Geschichtsunterricht gesammelt. 3 Bde. 21. Aufl. Leipzig 1879. 9. —.

248. **Schlosser**, Frdr. Chr., Weltgeschichte für das deutsche Volk. 3. Ausg. Mit Zugrunde=legung der Bearbeitung von G. L. Kriegk, besorgt von Osk. Jäger und Th. Creizenach. 18. Ster.=Aufl. 19 Bde. Berlin 1880—81. 57. —.

249. **Smidt**, Heinr., Seeschlachten und Abenteuer berühmter Seehelden. Der deutschen Jugend zur Unterhaltung u. Nacheiferung erzählt. 4. Aufl. Glogau 1880. cart. 3. 50.

250. **Stacke**, Ludw., Erzählungen a. d. alten Geschichte. 2 Thle. Oldenburg 1879. 3. —.
Inhalt: Thl. 1. Erzählungen aus der griechischen Geschichte. 18. Aufl. — Thl. 2. Erzählungen aus der römischen Geschichte. 16. Aufl.

251. *— Erzählungen aus der mittleren, neueren und neuesten Geschichte. 3 Thle. Oldenburg. 7. 50.
Inhalt: Thl. 1. Erzählungen aus der Geschichte des Mittelalters. 11. Aufl. 1877. — Thl. 2. Erzählungen aus der neuen Geschichte. 9. Aufl. 1876. — Thl. 3. Erzählungen aus der neuesten Geschichte (1815—1871). Abriß der Geschichte der neuesten Zeit. 4. Aufl. 1880.

252. **Stoll**, H. W., Erzählungen aus der Geschichte. Für Schule und Haus. 5 Bdchn. Leipzig. jed. Bdchn. Mk. 1,50. 7. 50.
Inhalt: Bdchn. 1. Vorderasien und Griechenland. 3. Aufl. 1878. — Bdchn. 2. Römische Geschichte. 3. Aufl. 1878. — Bdchn. 3. Das Mittelalter. 3. Aufl. 1877. — Bdchn. 4. Von der Reformation bis zur französischen Revolution. 2. Aufl. 1879. — Bdchn. 5. Von der französischen Revolution bis zur Erneuerung des deutschen Kaiserreichs. 1873.

253. **Weber**, Geo., Lehrbuch der Weltgeschichte mit besonderer Rücksicht auf Cultur, Literatur und Religionswesen. 2 Bde. 18. Aufl. Leipzig 1879. 15. —.
254. **Dielitz**, Theod., Die Helden der Neuzeit. Erzählungen aus der neueren Geschichte für die reifere Jugend. 2. Aufl. mit 8 Bildern. Berlin 1877. cart. 5. —.
255. **Kohl**, J. G., Geschichte der Entdeckung Amerikas von Columbus bis Franklin. Bremen 1861. 4. —.
256. **Goehring**, Karl, Columbus. Die Entdeckung Amerikas für Deutschlands Jugend erzählt. Mit 13 Stahlstichen. 5. Aufl. gr. 16. Leipzig 1872. geb. 3. 75.
257. — Cortez. Die Eroberung von Mexico. Fortsetzung von „Columbus". gr. 16. Mit Illustr. Leipzig 1866. cart. 3. 75.
258. **Armin**, Th., Das alte Mexico und die Eroberung Neuspaniens durch Ferdinand Cortez. Nach W. Prescott, Bernal Diaz u. A. bearbeitet. Mit Abbild. Leipzig 1865. 5. —.
259. **Häußer**, Ludw., Geschichte des Zeitalters der Reformation 1517—1648. Hrsg. v. Wilh. Oncken. 2. Aufl. Berlin 1879. 12. —.
260. **Dahlmann**, Friedr. Christ., Geschichte der englischen Revolution. 6. Aufl. gr. 16. Leipzig 1853. 3. —.
261. **Twesten**, Karl, Die Zeit Ludwig's XIV. Berlin 1871. (Sammlung gemeinverständl. Vorträge H. 121.) —. 60.
262. **Bluntschli**, J. C., Die Gründung der amerikanischen Union von 1787. 2. Aufl. Berlin 1872. (Sammlung gemeinverständl. Vorträge H. 54.) —. 60.
263. *** Otto**, Franz, u. H. Schramm, 100 Jahre in der Entwickelung der großen transatlantischen Republik. Vier große Bürger der neuen Welt. Lebensläufe im Gewande der Geschichte der Jugend und dem Volke erzählt. 2. Ausg. Mit Illustr. Leipzig 1876. 3. —.
264. **Häußer**, Ludw., Geschichte der französischen Revolution 1789—1799. Hrsg. v. Wilh. Oncken. 2. Aufl. Berlin 1877. 8. —.
265. **Mignet**, F. A., Geschichte der französischen Revolution 1789—1814. Deutsch von Fr. Köhler. Mit Illustr. Leipzig 1874. geb. 2. —.
266. **Sybel**, Heinr. C. L. v., Die Erhebung Europas gegen Napoleon I. Drei Vorlesungen. München 1860. 1. 50.
267. **Beitzke**, Heinr., Geschichte des russischen Krieges im Jahre 1812. 2. Aufl. Berlin 1862. 7. —.
268. **Schücking**, Abr., türkische Erlebnisse und russische Schicksale. Geschichte eines Mitgenommenen (im russ.-türk. Feldzuge). Wien 1879. 4. —.

3. Geschichte des Alterthums.

269. *** Becker**, Karl Friedr., Erzählungen aus der alten Welt für die Jugend. 15. Aufl. Hrsg. v. Herm. Masius. Halle 1878. cart. 5. 40.
270. **Guhl**, Ernst, und Wilh. Koner, Das Leben der Griechen und Römer nach antiken Bildwerken dargestellt. 5. Aufl. Mit 568 Holzschn. Berlin 1881—82. 13. —.
271. **Hertzberg**, Gust. Friedr., Die Geschichte der Perserkriege, nach den Quellen erzählt. Halle 1877. cart. 3. —.
272. — Die Geschichte der Messenischen Kriege, nach Pausanias erzählt. 3. Aufl. Halle 1875. cart. 1. 80.
273. — Der Feldzug der 10 000 Griechen nach Xenophons Anabasis dargestellt. 2. Aufl. Halle 1870. cart. 3. —.
274. — Die asiatischen Feldzüge Alexanders des Großen. Nach den Quellen dargestellt. 2. Aufl. 2 Thle. Halle 1875. cart. 6. —.
275. **Jäger**, Osk., Geschichte der Griechen. 3. Aufl. Gütersloh 1877. 6. —.
276. **Justi**, Ferd., Ein Tag aus dem Leben des Königs Darius. Berlin 1873. (Sammlung gemeinverständl. Vorträge H. 178.) —. 75.
277. **Stoll**, H. W., Bilder aus dem altgriechischen Leben. 2. Aufl. Leipzig 1875 4. 50.
278. **Wägner**, Wilh., Hellas. Das Land u. Volk der alten Griechen. Bearb. für Freunde des classischen Alterthums, insbesondere für die reifere Jugend. 4. Aufl. Mit Abbild. 2 Bde. Leipzig 1877. 9. —.
279. **Darstellungen** aus der römischen Geschichte. Für die Jugend und für Freunde. geschichtlicher Lektüre. Hrsg. von Oskar Jäger. 7 Bdchn. Halle. 17. 25.
Inhalt: Bdchn. 1. Jäger, O., Die punischen Kriege. I. Rom und Karthago. 1869. Mk. 1. — Bdchn. 2. Jäger, O., Dasselbe. II. Der Krieg Hannibals. 1869. Mk. 3. Bdchn. 3. Jäger, O., Marcus Porcius Cato und seine Zeit. 1870. Mk. 3,75. —

Bdchn. 4. Heß, Geo., Erzählungen aus der ältesten Geschichte Roms. I. Rom unter den Königen. 1869. Mk. 1. — Bdchn. 5. Heß, Geo., Dasselbe. II. Der römische Freistaat. 1. Thl.: Der Kampf der Patricier und der Plebejer. 1871. Mk. 2. — Bdchn. 5. Heß, Geo., Dasselbe. Der römische Freistaat. 2. Thl. Roms Heldenzeitalter. 1874. Mk. 2,50. — Bdchn. 6. Hertzberg, Gust. F., Rom und König Pyrrhos. 1871. Mk. 2. — Bdchn. 7. Hertzberg, Gust. F., Die Feldzüge der Römer in Deutschland unter den Kaisern Augustus und Tiberius. 1872. Mk. 3.
280. **Jäger, Osk.,** Geschichte der Römer. 4. Aufl. Gütersloh 1877. 6. —.
281. **Stoll, H. W.,** Bilder aus dem altrömischen Leben. Leipzig 1871. 5. 10.
282. **Wedell, Heinr. v.,** Pompeji und die Pompejaner. Mit 21 Kunstbeilagen und 1 Stadtplane. Leipzig 1877. 2. 50.
283. **Wägner, Wilh.,** Rom. Anfang, Fortgang, Ausbreitung und Verfall des Welt= reichs der Römer. Für Freunde des classischen Alterthums, insbesondere für die reifere Jugend. 3. Aufl. Mit Abbild. 3 Bde. Leipzig 1876. 15. —.

4. Deutsche Geschichte.

284. **Duller, Ed.,** Geschichte des deutschen Volkes. Bearb. u. fortges. v. Will. Pierson. 5. Aufl. 2 Bde. Mit 24 Holzschn. Berlin 1874. 7. —.
285. **Freytag, Gust.,** Bilder aus der deutschen Vergangenheit. 4 Bde. Leipzig. 28. 50. Inhalt: Bd. 1. Aus dem Mittelalter. 13. Aufl. 1881. Mk. 6,75. — Bd. 2. 1. Abth. Vom Mittelalter zur Neuzeit. (1200—1500.) 12. Aufl. 1881. Mk. 5,25. — Bd. 2. 2. Abth. Aus dem Jahrhundert der Reformation. (1500—1600.) 12. Aufl. 1880. Mk. 4,50. — Bd. 3. Aus dem Jahrhundert des großen Krieges. (1600 bis 1700.) 12. Aufl. 1880. Mk. 6. — Bd. 4. Aus neuer Zeit. (1700—1848.) 12. Aufl. 1880. Mk. 6.
286. **Goehring, Karl,** Deutschlands Schlachtfelder oder Geschichte sämmtlicher großen Kämpfe der Deutschen von Hermann dem Cherusker bis auf unsere Zeit. Mit Ab= bildungen. 3. Aufl. Leipzig 1867. 3. 75.
287. **Kohlrausch, Friedr.,** Deutsche Geschichte. 16. Aufl. Bearb. v. Wilh. Kentzler. Hannover 1874. 6. —.
288. **Mayer, Karl Aug.,** Deutsche Geschichte für das deutsche Volk. 2. Ausg. 2 Bde. Leipzig 1863. 8. —.
289. ***Müller, Dav.,** Geschichte des deutschen Volkes, in kurzgefaßter Darstellung er= zählt. 9. Aufl. besorgt von Friedr. Junge. Berlin 1880—81. 8. —.
290. **Erzählungen** aus dem deutschen Mittelalter. Hrsg. v. Otto Rasemann. Halle 1864—75. 12. 95. Inhalt: Bd. 1. Berndt, M., Das Leben Karl's des Großen. Nach Einhard und dem St. Galler Mönch. Mk. 1. — Bd. 2. Berndt, M., Heinrich der Erste und Otto der Große. Nach den sächs. Geschichten Widukind's von Korvey. Mk. 1,50. Bd. 3. Berndt, M., Hamburg=Bremen, die Missionsstätte des skandinavischen Nordens. Mit Zugrundelegung der Hamburger Kirchengeschichte Adam's von Bremen. Mk. 2,25. — Bd. 4. Cohn, A., Kaiser Heinrich II. Mk. 2,50. — Bd. 5. Heine= mann, O. v., Lothar der Sachse und Konrad III. — Bd. 6. Mücke, A., Kaiser Konrad II. und Heinrich III. Nach Wipo, Heriman von Reichenau und den Alt= aicher Annalen. Beide Bände zusammen Mk. 3,70. Bd. 7. Mücke, A., Kaiser Heinrich IV. und Heinrich V. Mk. 2.
291. **Klopp, Onno,** Geschichten und Charakterzüge der deutschen Kaiserzeit von 843 bis 1125. Nach den Quellen erzählt. Leipzig 1852. 3. 75.
292. **Raumer, Friedr. v.,** Geschichte der Hohenstaufen und ihrer Zeit. 4. Aufl. 6 Bde. Leipzig 1871—72. 18. —.
293. ***Stoll, Heinr. Wilh.,** Geschichte der Hohenstaufen für die Jugend bearbeitet. Neue Ausg. Mit Illustr. Wiesbaden 1861. 3. —.
294. **Sammlung** von Zügen des Heldenmuths und Biedersinns der Schweizer. Mit Berücksichtigung der vorzüglichsten Momente der vaterländischen Geschichte. Der schweizer. Jugend gewidmet. 9. Aufl. St. Gallen 1870. — 75.
295. **Vormbaum, Friedr.,** Lehrreiche und anmuthige Erzählungen aus der branden= burgisch=preußischen Geschichte. Ein Büchlein für christl. Volksschulen. 13. Aufl. Leipzig 1862. — 60.
296. ***Otto, Franz [F. O. Spamer],** Neuere deutsche Geschichten von der Reformation bis zum goldenen Zeitalter der deutschen Dicht= und Tonkunst. 2. Aufl. Mit Ab= bildungen. Leipzig 1876. 3. —.

297. *Otto, Franz [F. O. Spamer], Neueste deutsche Geschichten aus dem 19. Jahr=
hundert bis zur Wiederaufrichtung des deutschen Reichs. 2. Aufl. Mit Abbild.
Leipzig 1876. 4. —.
298. Biedermann, Karl, Deutschlands trübste Zeit oder: Der 30jährige Krieg in
seinen Folgen für das deutsche Culturleben. Berlin 1862. 2. 70.
299. Kehm, Frz., Geschichte des dreißigjährigen Krieges. Nach den Resultaten der
neueren Forschungen dargestellt. 2. Aufl. 2 Bde. Freiburg 1873. 5. 25.
300. Prowe, A., Das Thorner Blutgericht (1724). Eine Erzählung. Thorn 1872. 1. —.
301. Archenholz, J. W. v., Geschichte des siebenjährigen Krieges in Deutschland.
11. Aufl. Hrsg. von Aug. Potthast. Mit 8 Holzschn. Leipzig 1879. geb. 5. —.
302. Kutzen, J., Gedenktage deutscher Geschichte. 3 Hefte. Breslau 1860. 9. 50.
Inhalt: Heft 1. Der Tag von Kollin. Heft 2. Der Tag von Leuthen.
Heft 3. Der Tag von Liegnitz.
303. Häußer, Ludw., Deutsche Geschichte vom Tode Friedrichs des Großen bis zur
Gründung des deutschen Bundes. 4. Aufl. 4 Bde. Berlin 1869. 20. —.
304. Baur, Wilh., Geschichts= und Lebensbilder aus der Erneuerung des religiösen
Lebens in den deutschen Befreiungskriegen. 3. Aufl. 2 Bde. Hamburg 1872. 9. —.
305. Beitzke, Heinr., Geschichte der deutschen Freiheitskriege in den Jahren 1813
und 1814. 3 Bde. 4. Aufl. Berlin 1881. 12. —.
306. Gochring, Karl, Die Helden des deutschen Befreiungskrieges und dessen Ge=
schichte. Quellenmäßig der Jugend und dem Volke erzählt. Mit 12 Portr.
Leipzig 1869. cart. 4. 50.
307. *Otto, Franz [F. O. Spamer], Vaterländisches Ehrenbuch. Schilderung der
wichtigsten Ereignisse aus der Zeit der Befreiungskriege. In Bildern aus den J.
1813—1815. 3. Aufl. Mit Abbild. Leipzig 1870. 4. 50.
308. Tellkampf, Ad., Die Franzosen in Deutschland. Historische Bilder. 2 Aufl.
Hannover 1861. 2. —.
309. After, Heinr., Schilderung der Kriegsereignisse in und vor Dresden vom
7. März bis 28. Aug. 1813. 2. Ausg. Leipzig 1856. 4. 50.
310. Wuttke, Heinr., Die Völkerschlacht bei Leipzig. Berlin 1863. 2. —.
311. Armee, Die Königlich Sächsische, im deutschen Feldzuge von 1866. Erlebnisse
dem deutschen Volke erzählt von mehreren Officieren. Leipzig 1867. 3. —.
312. Fechner, Herm., Der deutsch=französische Krieg von 1870/71. Mit Illustr. von
W. Camphausen, W. Diez, A. v. Werner u. A. 3. Aufl. Berlin 1872. 10. —.
313. Fischbach, Gust., Krieg von 1870. Die Belagerung und das Bombardement
von Straßburg. 3. Aufl. Straßburg 1871. 2. —.
314. *Höcker, Osk., und Franz Otto, Neues vaterländisches Ehrenbuch. Große
Tage aus Deutschlands neuester Geschichte. Gedenkbuch an die wichtigsten Ereig=
nisse des nationalen Krieges im Jahre der deutschen Einigung. Mit Abbild.
Leipzig 1871. 4. 50.
315. Kämmel, Otto, Der deutsche Volkskrieg gegen Frankreich 1870 und 1871. In
seinen Hauptereignissen dargestellt. 3 Bde. Mit Holzschn. Zwickau 1871—1872. 1. 50.
316. Klein, Karl, Fröschweiler Chronik. Kriegs= und Friedensbilder aus dem
J. 1870. 4. Aufl. Nördlingen 1878. 2. 25.
317. Böttiger, C. W., Geschichte des Kurstaates und Königreichs Sachsen. 2. Aufl.
bearb. von Th. Flathe. 3 Bde. Gotha 1867—1873. 31. 60.
318. Gretschel, C., und Friedr. Bülau, Geschichte des sächsischen Volkes und Staates.
2. Ausg. 3 Bde. Leipzig 1862—1863. 12. —.
319. *Mühlfeld, Jul., Geschichte des Königreichs Sachsen von den ältesten Zeiten
bis auf die Gegenwart. Für das Volk geschrieben. 2. Aufl. Mit dem Portrait
des Königs Albert. Leipzig 1875. 2. —.
320. Lindau, M. B., Geschichte d. Haupt= u. Residenzstadt Dresden von der frühesten
bis auf die gegenwärtige Zeit. 2. Aufl. 2 Bde. Dresden 1862—1863. 12. 50.

5. Lebensbeschreibungen.

321. Arndt, F., Mütter berühmter Männer. 12 Hefte. Leipzig 1872—75. 10. 25.
Inhalt: Heft 1. Elisabeth Charlotte, Kurfürstin von Brandenburg, die Mutter
des großen Kurfürsten. Mk. 0,75. — Heft 2. Natalie Naryschkina, Gemahlin des
Zaren Alexei Michailowitsch, die Mutter Peters des Großen. Mk. 0,50. — Heft 3.
Anna Amalie, Herzogin von Sachsen=Weimar, die Mutter Carl August's. Mk. 1,50.
— Heft 4. Elisabeth Catharine Goethe geb. Textor, die Mutter Goethe's. Mk. 0,75. —

Heft 5. Elisabeth Dorothea Schiller geb. Kodweis, die Mutter Schiller's. Mk. 0,75. —
Heft 6. Mrs. Byron geb. Miß Catharina Gordon von Gight, die Mutter Lord
Byrons. Mk. 0,40. — Heft 7. Johanna d'Albret, Königin von Navarra, die Mutter
Heinrichs IV., Königs von Frankreich. Mk. 1,40. — Heft 8. Sophie Dorothea,
Königin von Preußen, Prinzessin von Hannover, die Mutter Friedrichs des Großen.
Mk. 1,20. — Heft 9. Maria Theresia, Kaiserin von Oesterreich, die Mutter Kaiser
Josephs II. Mk. 1,50. — Heft 10. Lätitia Bonaparte geb. Ramolino, die Mutter
Napoleons. Mk. 0,75. — Heft 11. Louise Wilhelmine von Bismarck, die Mutter
des Fürsten von Bismarck. Mk. 0,40. — Heft 12. Die Mutter Washington's. Mk. 0,35.

322. **Brachvogel,** A. E., Die Männer der neuen deutschen Zeit. Eine Sammlung von
Biographien unserer Fürsten, Staatsmänner und Helden. 4 Bde. Mit 21 Holz-
schnitttaf. Hannover 1872—74. 15. —.

323. **Buch** berühmter Kaufleute oder der Kaufmann zu allen Zeiten. Vorbilder, Cha-
rakter- und Zeitgemälde, vornehmlich Schilderung interessanter Lebensgänge hervorragender Kaufleute, Industrieller sowie Förderer des Handels. Mit Beiträgen von
H. Birnbaum, F. Coßmann u. A. Hrsg. von Franz Otto. 2. Abdruck. Mit Abbildungen. Leipzig 1870. 9. —.

324. **Kaufmann,** Der, zu allen Zeiten oder Buch berühmter Kaufleute. 2. Sammlung.
Mit Beiträgen von R. Andree, J. J. Binder u. A. Hrsg. von Franz Otto. Mit
Abbildungen. Leipzig. 9. —.

325. *****Buch,** Das, merkwürdiger Kinder. Lebensbilder aus der Jugendzeit und den Ent-
wicklungsjahren merkwürdiger Menschen. Hrsg. in Verbindung mit M. Schlimpert,
B. Schumann, W. Wägner u. A. von Franz Otto. 4. Aufl. Mit Abbild.
Leipzig 1878. 4. —.

326. *****Buchner,** W., Lebensbilder deutscher Männer für die Jugend und das Volk.
14 Bdchn. gr. 16. Lahr 1871—79. jed. Bdchn. Mk. 0,75. 10. 50.
Inhalt: Bdchn. 1. Alexander von Humboldt. — Bdchn. 2. Yorck von Warten-
burg. — Bdchn. 3. Seume. — Bdchn. 4. Mozart. — Bdchn. 5. Götz von Ber-
lichingen. — Bdchn. 6. Albrecht Dürer. — Bdchn. 7. Beethoven. — Bdchn. 8.
Erzherzog Karl. — Bdchn. 9. Gneisenau. — Bdchn. 10. Bismarck. — Bdchn. 11.
Scharnhorst. — Bdchn. 12. Graf Moltke. — Bdchn. 13. Karl der Große. —
Bdchn. 14. Kaiser Wilhelm.

327. **Düringsfeld,** Ida v., Das Buch denkwürdiger Frauen. In Lebens- und Zeit-
bildern. Festgabe für Mütter und Töchter. Mit Abbild. Leipzig 1877. 6. —.

328. **Göll,** Herm., Die Künstler und Dichter des Alterthums. Leben und Wirken der
hervorragendsten Meister auf dem Gebiete der bildenden Kunst und der Poesie bei den
Griechen und Römern. Mit Abbild. Leipzig 1875. 7. —.

329. — Die Weisen und Gelehrten des Alterthums. Leben und Wirken der hervorragendsten Forscher und Entdecker auf dem Gebiete der Wissenschaft bei den Griechen u. Römern.
2. Aufl. Mit Abbild. Leipzig 1875. 7. —.

330. *****Grube,** A. W., Biographische Miniaturbilder. Zur bildenden Lectüre für die reifere
Jugend verfaßt. 2 Thle. 5. Aufl. Mit 4 Bildnissen (Raphael, Rauch, van Beethoven,
Stein). Leipzig 1877. 8. —.

331. **Jahn,** Otto, Biographische Aufsätze. 2. Aufl. Leipzig 1867. 6. —.

332. *****Jugendbibliothek,** neue. Hrsg. von Ferd. Schmidt. Bd. 1—6. Mit je 1 Holz-
schnitttafel. Berlin 1878—79. cart. jed. Bd. Mk. 1. 6. —.
Inhalt: Bd. 1. Schmidt, Ferd., Karl der Große. Ein Lebensbild. — Bd. 2.
Schmidt, Ferd., Kaiser Wilhelm. Ein Lebensbild. — Bd. 3. Schmidt, Ferd.,
Martin Luther. Ein Lebensbild. — Bd. 4. Sturm, Hugo, Bonifacius. Ein Bild
seines Lebens u. Wirkens. — Bd. 5. Jahnke, Herm., Jürgen Wullenweber von
Lübeck. Ein Bild aus der Geschichte der deutschen Hansa. — Bd. 6. Bonnell, W.,
Heinrich I., der Begründer deutschen Königthums, und seine Gemahlin Mathilde.

333. **Kurz,** Heinr., und Friedr. Paldamus, Deutsche Dichter und Prosaisten nach ihrem
Leben und Wirken geschildert. 4 Bde. gr. 16. Mit 58 Portraits. Leipzig 1867. 4. 50.

334. **Lamey,** J., Plutarchs vergleichende Lebensbeschreibungen in einer Auswahl für
die Jugend bearbeitet. Neue Ausgabe. Mannheim 1863. 1. 80.

335. **Oberländer,** Rich., Berühmte Reisende, Geographen und Länderentdecker im neun-
zehnten Jahrhundert. Mit Bildern. Leipzig 1879. 1. 25.

336. *****Otto,** Franz [F. O. Spamer], Männer eigner Kraft. Lebensbilder verdienstvoller,
durch Thatkraft und Selbsthülfe emporgekommener Männer. Der Jugend und dem
Volke zur Aneiferung vorgeführt. 2 Bde. 2. Aufl. Mit Illustr. Leipzig 1881.
cart. 7. —.

337. **Otto**, Franz [F. C. Spamer], Wohlthäter der Menschheit. Vorbilder des Hoch=
sinns, der Duldung und Menschenliebe. 2. Aufl. Mit Abbild. Leipzig. 3. —.
338. **Plutarch**, der neue. Biographien hervorragender Charaktere der Geschichte, Lite=
ratur und Kunst. Hrsg. v. Rud. Gottschall. 1—8. Theil. Leipzig 1874—80. jed. Thl.
Mk. 6. 48. —.
  Inhalt: Thl. 1. Martin Luther, von F. Rückert. Oliver Cromwell, von
R. Pauli. König Heinrich IV. von Frankreich, von M. Philippson. Voltaire, von
H. Rosenkranz. — Thl. 2. Maximilian Robespierre, von R. Gottschall. Maria
Theresia, von A. Beer. Camillo Graf von Cavour, von O. Speyer. — Thl. 3.
König Philipp II. von Spanien, von M. Philippson. Charles James Fox, von
F. Althaus. Friedrich von Schiller, von R. Gottschall. — Thl. 4. Ulrich von
Hutten, von H. Prutz. Conrad Eckhoff, von H. Uhde. Lord Byron, von R. Gott=
schall. — Thl. 5. Prinz Eugen von Savoyen, von W. Rogge. Jean Jaques
Rousseau, von F. Brockerhoff. Fürst Clemens Metternich, von A. Beer. — Thl. 6.
Der große Kurfürst, von B. Erdmannsdörfer. Der Herzog von Wellington, von
R. Pauli. J. G. Herder, von F. Bärenbach. Graf John Russel, von F. Althaus.
— Thl. 7. Napoleon I., von A. Kleinschmidt. Peter Cornelius, von M.
Carrière. — Thl. 8. Franz von Sickingen, von H. Prutz. Admiral Nelson, von
F. Althaus. Wolfgang Amadeus Mozart, von A. Reißmann.
339. **Smiles**, Sam., Hilf Dir selbst! Charakterskizzen und Lebensschilderungen.
2. Aufl. Colberg 1877. 4. —.
340. *__Spieß__, Mor., und Bruno Berlet, Weltgeschichte in Biographien. Hrsg. von Lehrern
der Realschule zu Annaberg. 1. Kursus: für Unterklassen berechnet, 9. Aufl.;
2. Kursus: für den Unterricht in Mittelklassen berechnet, 6. Aufl.; 3. Kursus: für
den Unterricht in höheren Mittelklassen berechnet, 3. Aufl. Hildburghausen 1875. 7. 50.
341. *__Stein__, A., Deutsche Geschichts= und Lebensbilder. Bd. 1—4. Halle 1879.
jeder Bd. Mk. 2,70. 10. 80.
  Inhalt: Bd. 1. Martin Luther und Graf Erbach. Histor. Erzählung aus der
Reformationszeit. — Bd. 2. Katharina von Bora. — Bd. 3. August Hermann
Francke. — Bd. 4. Der Salzgraf von Halle.
342. **Stoll**, H. W., Geschichte der Griechen und Römer in Biographien. Für Schulen
und die reifere Jugend bearb. 2 Bde. 3. Aufl. Leipzig 1878. 9. 90.
  Inhalt: Bd. 1. Die Helden Griechenlands im Krieg und Frieden. Mk. 4,50.
— Bd. 2. Die Helden Roms im Krieg und Frieden. Mk. 5,40.
343. **Vilmar**, A. F. C., Lebensbilder deutscher Dichter. Nach dessen Tod hrsg. von
K. W. Piderit. Frankfurt a. M. 1869. 2. 40.
344. **Brachvogel**, A. E., Albert, Kronprinz von Sachsen, General=Feldmarschall.
Mit 1 Holzschn. Hannover 1874. (Aus „Die Männer der neuen deutschen Zeit"
abgedr.) —. 75.
345. **Oncken**, Wilh., Aristoteles und seine Lehre vom Staat. Berlin 1870.
(Sammlung gemeinverständl. Vorträge H. 103.) —. 60.
346. *__Baur__, Wilh., Ernst Moritz Arndts Leben, Thaten und Meinungen, nebst
einigen seiner geistlichen und vaterländischen Lieder. Ein Buch für das deutsche
Volk. 3. Aufl. Hamburg 1870. cart. 1. 50.
347. **Naumann**, Emil, Ludwig van Beethoven. Zur hundertjährigen Geburtstags=
feier. Berlin 1871. (Sammlung gemeinverständl. Vorträge H. 117.) —. 60.
348. **Köppen**, Fed. v., Fürst Bismarck, der deutsche Reichskanzler. Ein Zeit= und
Lebensbild für das deutsche Volk. 2. Ausg. Mit Illustr. Leipzig 1878. 12. —.
349. **Müller**, Wilh., Reichskanzler Fürst Bismarck. Mit Portrait. Stuttgart
1881. 5. —.
350. **Kluckhohn**, A., Blücher. Berlin 1879. (Sammlung gemeinverständl. Vor=
träge H. 313/14.) 1. 20.
351. **Varnhagen v. Ense**, C. A., Leben des Generals Grafen Bülow von Denne=
witz. Berlin 1853. 6. —.
352. **Maurenbrecher**, Wilh., Don Carlos. Berlin 1869. (Sammlung gemein=
verständl. Vorträge H. 90.) 1. —.
353. **Herbst**, Wilh., Matthias Claudius, der Wandsbecker Bote. Ein deutsches
Stilleben. 4. Aufl. Gotha 1878. 6. —.
354. **Holtzendorff**, Frz. von, Richard Cobden. Berlin 1869. 2. Aufl. (Samm=
lung gemeinverständl. Vorträge H. 17.) —. 75.
355. **Haug**, Mart., Confucius, der Weise Chinas. Berlin 1880. (Sammlung
gemeinverständl. Vorträge H. 338.) —. 60.

356. **Prowe**, A., Copernikus und sein Jugendfreund. Eine Erzählung. Thorn 1872. 1. —.
357. **Förster**, Ernst, Peter von Cornelius. Berlin 1875. (Sammlung gemein= verständlicher Vorträge H. 217.) —. 75.
358. **Kaufmann**, Leopold, Albrecht Dürer. Köln 1881. 1. 80.
359. **Sybel**, Heinr. v., Prinz Eugen von Savoyen. Drei Vorlesungen. München 1861. 1. 20.
360. **Fichte**, Ed., Johann Gottlieb Fichte. Lichtstrahlen aus seinen Werken und Briefen nebst einem Lebensabriß. Mit Beiträgen von Imm. Herm. Fichte. Leipzig 1863. 3. —.
361. ***Schmidt**, Ferd., Benjamin Franklin. Ein Lebensbild für Jung und Alt. 2. Aufl. 16. Berlin 1873. cart. —. 75.
362. ***Oertel**, Hugo, Friedrich II. Ein Lebensbild aus Deutschlands großer Kaiser= zeit, für die deutsche Jugend und das deutsche Volk gezeichnet. gr. 16. Wiesbaden 1879. cart. —. 75.
363. **Voretius**, Alfred, Friedrich der Große in seinen Schriften. Berlin 1870. (Sammlung gemeinverständl. Vorträge H. 114.) —. 80.
364. **Kugler**, Frz., Geschichte Friedrichs des Großen. 10. Aufl. Leipzig 1879. 2. 70.
365. **Brachvogel**, A. E., Friedrich Carl, Prinz von Preußen und General=Feld= marschall. Mit 1 Holzschn. Hannover 1873. (Aus „Die Männer der neuen deutschen Zeit" abgedruckt.) —. 75.
366. **Ledderhose**, Karl Friedr., Friedrich Wilhelm, der große Kurfürst von Brandenburg. Für das deutsche Volk dargestellt. 2. Ausg. Mit 4 Holzschn. Heidel= berg 1874. 2. —.
367. **Hahn**, Werner, Friedrich Wilhelm III. und Luise, König und Königin von Preußen. 222 Erzählungen aus ihrer Zeit und ihrem Leben. 3. Aufl. Berlin 1877. 1. 80.
368. **Brachvogel**, A. E., Friedrich Wilhelm, Kronprinz des deutschen Reichs und von Preußen, General=Feldmarschall. Mit 1 Holzschn. Hannover 1873. (Aus „Die Männer der neuen deutschen Zeit" abgedr.) —. 75.
369. ***Schmidt**, Ferd., Gellert. Ein Lebensbild. 3. Aufl. 16. Berlin 1873. cart. —. 75.
370. ***Grube**, A. W., General Gneisenau. 2. Aufl. gr. 16. Stuttgart 1877. (Deutsche Jugend= und Volksbibl. Bd. 12.) cart. —. 75.
371. **Lewes**, George Henry, Goethes Leben und Werke, übers. von Jul. Frese. 2 Bde. 12. Aufl. Stuttgart 1879. 5. —.
372. **Schäfer**, Joh. Wilh., Goethes Leben. 2 Bde. 3. Aufl. Mit Goethes Portr. Leipzig 1877. 8. —.
373. ***Schmidt**, Ferd., Goethes Jugend= und Jünglingsjahre. Ein Lebensbild für Jung und Alt. 3. Aufl. 16. Berlin 1875. cart. —. 75.
374. ***Froboese**, Jul., Gottfried von Bouillon. Berlin 1879. (Sammlung ge= meinverständl. Vorträge H. 326.) —. 75.
375. **Berndt**, Mor., Heinrich der Erste und Otto der Große. Nach den sächsischen Geschichten Widukind's von Korvey bearb. Halle 1864. cart. 1. 50.
376. **Boesser**, E., Heinrich der Löwe. Berlin 1880. (Sammlung gemeinverständl. Vorträge H. 349.) —. 80.
377. ***Schmidt**, Ferd., Herder als Knabe und Jüngling. Für Jung und Alt er= zählt. 6. Aufl. 16. Berlin 1873. cart. —. 75.
378. **Klencke**, Herm., Alexander von Humboldts Leben und Wirken, Reisen und Wissen. 7. illustrirte Ausg. Leipzig 1875. 7. 50.
379. **Zimmermann**, W. F. A., Das Humboldt=Buch. Alexander von Humboldt. Eine Darstellung seines Lebens und wissenschaftl. Wirkens, sowie seiner persönlichen Beziehungen zu drei Menschenaltern. 3 Abthlgn. Berlin 1859. 3. —.
380. **Henke**, E. L. Th., Johann Hus und die Synode von Constanz. Berlin 1869. (Sammlung gemeinverständl. Vorträge H. 81.) —. 75.
381. ***Goehring**, Karl, Ulrich von Hutten, der Streiter für deutsche Freiheit, in seinem Leben und Wirken für das deutsche Volk und die reifere Jugend dargestellt. Mit 7 Stahlst. Leipzig 1862. cart. 3. 75.
382. **Hirzel**, C., Jeanne d'Arc. Berlin 1875. (Sammlung gemeinverständl. Vorträge H. 227.) 1. —.
383. **Brachvogel**, A. E., Johann, König von Sachsen. Mit 1 Holzschn. Hannover 1874. (Aus „Die Männer der neuen deutschen Zeit" abgedruckt.) —. 60.

384. **Falkenstein,** Joh. Paul v., **Johann,** König von Sachsen. Ein Charakterbild. Mit 3 Portr. Volks-Ausg. Dresden 1879. cart. 1. 50.

385. ***Schmidt,** Ferd., Kaiser Joseph II. Ein Lebensbild. Mit 3 Kupferstichen. Berlin 1875. cart. 1. —.

386. **Jung's,** Joh. Heinr. (gen. Stilling), Lebensgeschichte, oder dessen Jugend, Jünglings-jahre, Wanderschaft, Lehrjahre, häusliches Leben und Alter. Eine wahrhafte Geschichte. 3. Aufl. Stuttgart 1857—59. (Auch in Reclam's Univ.-Bibl. Bd. 663 bis 667.) 3. 20.

387. *— Dasselbe. Für die Jugend bearb. v. F. W. Sommerlad. Leipzig 1858. 2. —.

388. **Berndt,** Mor., Das Leben Karls des Großen. Nach Einhard und dem St. Galler Mönch. Halle 1864. cart. 1. —.

389. **Jugenderinnerungen** eines alten Mannes [Wilhelms von Kügelgen]. 9. Abdr. Berlin 1879. 6. —.

390. **Sime,** James, G. E. Lessing. Ein Lebensbild. Frei bearbeitet von A. Strodtmann. Berlin 1878. 6. —.

391. **Stahr,** Ad., G. E. Lessing. Sein Leben und seine Werke. 8. Aufl. 2 Thle. Berlin 1877. 6. —.

392. ***Grube,** A. W., Abraham Lincoln. Eine biographische Skizze. 2. Aufl. gr. 16. Stuttgart 1878. (Deutsche Jugend- und Volksbibliothek 18. Bdchn.) cart. —. 75.

393. ***Adami,** Friedr., Luise, Königin von Preußen. Ihre Lebensgeschichte, dem deutschen Volke erzählt. 9. Aufl. gr. 16. Berlin 1876. —. 50.

394. **Baur,** Aug., Martin Luther. Ein Lebensbild. Tübingen 1878. 6. —.

395. **Köstlin,** Jul., Luthers Leben. Mit authentischen Illustr. Leipzig 1882. 8. —.

396. ***Meurer,** Mor., Luthers Leben nach den Quellen erzählt. Jugend- und Volksausgabe. 3. Aufl. mit Bildern v. Ludw. Richter und A. Karst. Leipzig 1878. 5. —.

397. **Goergens,** E. P., Mohammed, ein Charakterbild. Berlin 1878. (Samm-lung gemeinverständl. Vorträge H. 290.) 1. —.

398. **Brachvogel,** A. E., Graf von Moltke, General-Feldmarschall und Chef des großen Generalstabs der preuß. Armee. Mit 1 Holzschn. Hannover 1873. (Aus „Die Männer der neuen deutschen Zeit" abgedr.) —. 75.

399. **Müller,** Wilh., Generalfeldmarschall Graf Moltke. Mit Portrait. 2. Aufl. Stuttgart 1879. 3. 60.

400. ***Höcker,** Osk., Aus Moltkes Leben. Unterm Halbmonde. Histor. Erzählung aus der Zeit der Wanderjahre eines deutschen Kriegshelden während seines Aufent-halts im osmanischen Reiche. Leipzig 1873. (Illustrirte Jugend- und Haus-bibliothek Bd. 10.) 6. —.

401. ***König,** Rob., Der alte Nettelbeck und die Belagerung von Kolberg. Für die deutsche Jugend erzählt. Bielefeld 1873. 3. —.

402. **Nettelbeck,** Joachim, Bürger zu Kolberg. Eine Lebensbeschreibung, von ihm selbst aufgezeichnet, hrsg. von J. C. L. Haken. 4. Aufl. 2 Thle. Leipzig 1878. 3. —.

403. **Pellico,** Silvio, Meine Gefängnisse. Denkwürdigkeiten. Deutsch von F. Zschech. Leipzig. (Reclam's Univ.-Bibl. Bd. 409. 410.) —. 40.

404. **Perthes,** Clem. Th., Friedrich Perthes' Leben nach dessen schriftlichen und mündlichen Mittheilungen. 3 Bde. 6. Aufl. Gotha 1872. 4. 80.

405. **Roth,** Rich., Heinrich Pestalozzi, der schweizerische Jugendfreund und Volksbildner. Ein Lebensbild in Form einer Erzählung für Jugend und Volk. Mit Bildern. Leipzig 1879. 1. 25.

406. ***Preusker,** Karl, Lebensbild eines Volksbildungsfreundes. Selbstbiographie. 1786—1871. Leipzig 1872. 4. 50.

407. ***Oppermann,** Andreas, Ernst Rietschel. 2. Aufl. Mit dem Portrait Rietschels. Leipzig 1873. 1. —.

408. ***Oertel,** Hugo, Rudolf von Habsburg. Ein Fürstenbild aus Deutschlands Vorzeit, für die deutsche Jugend und das deutsche Volk dargestellt. gr. 16. Wies-baden 1879. cart. —. 75.

409. **Ahlfeld,** Friedr., und E. Luthardt, Hans Sachs und Albrecht Dürer. Lebens-bilder aus Nürnberg. Zwei Vorträge. Leipzig 1875. 1. —.

410. ***Grube,** A. W., Scharnhorsts Leben und Wirken. 2. Aufl. gr. 16. Stuttgart 1877. (Deutsche Jugend- und Volksbibl. Bd. 11.) cart. —. 75.

411. **Palleske,** E., Schillers Leben und Werke. 10. Aufl. 2 Bde. gr. 16. Stuttgart 1879. 5. —.

2*

412. **Schillers** Leben. Verfaßt aus Erinnerungen der Familie, seinen eigenen Briefen und den Nachrichten seines Freundes Körner. (Von Caroline von Wolzogen.) Stuttgart 1851. 3. —.
413. ***Schwab**, Gust., Schillers Leben. Stuttgart 1859. 3. —.
414. ***Seume**, J. G., Mein Leben. gr. 16. Berlin 1879. —. 25.
415. **Genée**, Rud., Shakespeares Leben und Werke. Hildburghausen 1872. (Bibliothek ausländ. Classiker Bd. 140. 141.) 2. —.
416. ***Wichmann**, Paul Vict., Franz von Sickingen. Geschichtliche Erzählung. Bremen 1880. cart. 1. —.
417. **Baur**, Wilh., Heinrich Friedrich Karl Freiherr von und zum Stein. 4. Aufl. 12. Barmen 1880. 1. —.
418. ***Reichenbach**, A., Karl Freiherr von Stein. Das Leben eines deutschen Mannes, dem deutschen Volke dargestellt. Bremen 1880. cart. 1. —.
419. **Uhland's**, Ludw., Leben. Aus dessen Nachlaß und aus eigener Erinnerung zusammengestellt von seiner Wittwe. Stuttgart 1874. 3. 60.
420. **Kugler**, Bernh., Wallenstein. Berlin 1873. (Sammlung gemeinverständl. Vorträge H. 180.) —. 75.
421. ***Schmidt**, Ferd., Georg Washington. Ein Lebensbild für Jung und Alt. 2. Aufl. 16. Berlin 1873. cart. —. 75.
422. **Ledderhose**, Karl Friedr., Wilhelm von Oranien und der Abfall der Niederlande. Hrsg. vom christl. Verein im nördl. Deutschland. Leipzig 1874. geb. 1. 13.
423. **Hahn**, Ludw., Kaiser Wilhelms Gedenkbuch. 1797—1877. Lebens= und Charakterbild des Kaisers aus eigenen Aeußerungen und amtlichen Kundgebungen. 2. Aufl. Volks-Ausg. Berlin 1877. 2. 10.
424. **Müller**, Wilhelm, Kaiser Wilhelm 1797—1877. Mit dem Portrait des Kaisers. 3. Aufl. Berlin 1877. 3. 60.
425. ***Pflug**, Ferd., Kaiser Wilhelm. Mit 6 Holzschn. nach Zeichnungen von H. Lüders und J. Scholz. Glogau 1878. cart. 2. 50.
426. **Droysen**, Joh. Gust., Das Leben des Feldmarschalls Grafen York von Wartenburg. 8. Aufl. Mit Yorks Portrait und 8 Plänen. Leipzig 1878. 7. —.
427. **Hahn**, Werner, Hans Joachim von Zieten, königl. preuß. General der Kavallerie. 5. Aufl. Mit 5 Holzschn. Berlin 1878. cart. 1. 20.

IV. Kultur-, Kunst- und Litteraturgeschichte.

1. Kulturgeschichte.

428. **Angerstein**, Wilh., Volkstänze im deutschen Mittelalter. Berlin 1868. (Sammlung gemeinverständl. Vorträge H. 58.) —. 75.
429. **Deckert**, Emil, Die civilisatorische Mission der Europäer unter den wilden Völkern. Berlin 1881. (Ebendas. H. 364.) —. 75.
430. **Doehler**, Ed., Die Orakel. Berlin 1872. (Ebendas. H. 150.) —. 60.
431. **Engelmann**, Jul., Geschichte des Handels und Weltverkehrs. 3. Aufl. Leipzig 1873. 4. 50.
432. **Falke**, Jac., Die ritterliche Gesellschaft im Zeitalter des Frauencultus. Berlin 1862. 1. 80.
433. **Falke**, Joh., Die Hansa als deutsche See= und Handelsmacht. Berlin 1863. 1. 80.
434. **Fraas**, Osk., Die alten Höhlenbewohner. Berlin 1872. (Sammlung gemeinverständl. Vorträge H. 168.) —. 60.
435. **Göll**, Herm., Kulturbilder aus Hellas und Rom. 3. Aufl. 2 Bde. Leipzig 1878. 10. —.
436. ***Grube**, A. W., Natur= und Kulturleben in vergleichenden Bildern. Für alte und junge Leser verfaßt. 2 Bdchn. Mit Holzschnitten. Wiesbaden 1859—60. 4. 80.
437. **Hoffmann**, F., Aus der Kulturgeschichte Europas (Pflanzen und Hausthiere). Berlin 1880. (Sammlung gemeinverständl. Vorträge H. 348.) 1. —.
438. **Huber=Liebenau**, v., Das deutsche Zunftwesen im Mittelalter. Berlin 1878. (Ebendas. H. 312.) —. 75.
439. **Jastram**, Heinr., Lebensbilder und Skizzen aus der Kulturgeschichte. Leipzig 1875. 5. —.

440. **Klemm**, Gust., Vor 50 Jahren. Kulturgeschichtliche Briefe. 2 Bde. Stutt=
gart 1865. 6. —.
441. **Lewinstein**, Gust., Die Alchemie und die Alchemisten. Berlin 1870. (Samm=
lung gemeinverständl. Vorträge H. 113.) —. 60.
442. **Meier**, Ernst Jul., Humor und Christenthum mit besonderer Beziehung auf
den Katholicismus und den deutschen Protestantismus. Vortrag. Leipzig 1876. —. 75.
443. **Mensinga**, J. A. M., Ueber alte und neuere Astrologie. Berlin 1871. (Samm=
lung gemeinverständl. Vorträge H. 140.) —. 60.
444. **Nissen**, H., Pompeji. 2. Aufl. Berlin 1871. (Ebendas. H. 87.) —. 75.
445. **Reinsberg=Düringsfeld**, O. Frhr. von, Das festliche Jahr. In Sitten, Ge=
bräuchen und Festen der germanischen Völker. Mit Illustr. Leipzig 1863. 6. —.
446. **Riehl**, W. H., Kulturstudien aus drei Jahrhunderten. 4. Abdr. Stuttgart
1873. 6. —.
447. **Schäfer**, Wilh., Deutsche Städtewahrzeichen. Ihre Entstehung, Geschichte und
Deutung. 1. Bd. (Sächsische Städte.) Mit 15 Abbild. Leipzig 1858. 3. —.
448. **Scheube**, H., Aus den Tagen unserer Großväter. Kulturgeschichtliche Zeit= und
Lebensbilder. Berlin 1873. 7. —.
449. **Steub**, Ludw., Altbayerische Kulturbilder. Leipzig 1869. 3. —.
450. **Uhlhorn**, Der Kampf des Christenthums mit dem Heidenthum. Bilder aus
der Vergangenheit. 3. Aufl. Stuttgart 1879. 6. —.
451. **Virchow**, Rud., Ueber Hünengräber und Pfahlbauten. Berlin 1866. (Samm=
lung gemeinverständl. Vorträge H. 1.) —. 75.
452. — Die Urbevölkerung Europas. Berlin 1874. (Ebendas. H. 193.) —. 75.
453. **Werner**, Aug., Die Helden der christlichen Kirche. Lebens= und Kulturbilder
für Haus und Schule. Mit Abbild. Leipzig 1874. 7. 50.
454. **Wernher**, A., Die Armen= und Krankenpflege der geistlichen Ritterorden in
früherer Zeit. Berlin 1874. (Sammlung gemeinverständl. Vorträge H. 213.) 1. —.

2. Kunstgeschichte.

455. **Becker**, A. Wolfg., Charakterbilder aus der Kunstgeschichte. Zur Einführung in
das Studium derselben zusammengestellt. 3. Aufl. verb. v. C. Clauß. Mit Illu=
strationen. 3 Abthlgn. Leipzig 1869. geb. 8. 25.
456. **Bucher**, B., Katechismus der Kunstgeschichte. Leipzig 1880. geb. 4. —.
457. **Göpel**, K., Illustrirte Kunstgeschichte. Wanderungen durch das Reich der bil=
denden Künste auf den Wegen ihrer Entwickelung. Für die reifere deutsche Jugend
dargestellt. Leipzig 1879. 3. —.
458. **Kanitz**, F., Katechismus der Ornamentik oder Leitfaden über Geschichte, Ent=
wickelung und die charakteristischen Formen der bedeutendsten Verzierungsstyle aller
Zeiten. 2. Aufl. Mit Abbildungen. Leipzig 1877. 2. —.
459. **Lemcke**, Karl, Populäre Aesthetik. 5. Aufl. Mit Illustr. Leipzig 1879. 9. 50.
460. **Lübke**, Wilh., Grundriß der Kunstgeschichte. 8. Aufl. 2 Bde. Mit 594 Holz=
schnitten. Stuttgart 1879. 14. —.
461. **Riegel**, Herm., Ueber Art und Kunst, Kunstwerke zu sehen. Berlin 1874.
(Sammlung gemeinverständl. Vorträge H. 194.) —. 60.
462. **Sacken**, Ed. Freih. von, Katechismus der Baustyle oder Lehre der architektonischen
Stylarten von den ältesten Zeiten bis auf die Gegenwart. 6. Aufl. Mit Abbild.
Leipzig. 2. —.
463. **Adler**, F., Die Weltstädte in der Baukunst. 2. Aufl. Berlin 1872. (Samm=
lung gemeinverständl. Vorträge H. 51.) —. 60.
464. **Dobbert**, Eduard, Die monumentale Darstellung der Reformation durch Rietschel
und Kaulbach. Berlin 1869. (Ebendas. H. 74.) —. 60.
465. **Döhler**, Entstehung und Entwickelung der religiösen Kunst bei den Griechen.
Berlin 1874. (Ebendas. H. 205.) 1. —.
466. **Spieß**, F., Der Tempel zu Jerusalem während des letzten Jahrhunderts seines
Bestandes nach Josephus. Berlin 1880. (Ebendas. H. 358.) 1. —.
467. **Woltmann**, Alfr., Die deutsche Kunst und die Reformation. 2. Aufl. Berlin
1871. (Ebendas. H. 31.) 1. —.
468. **Naumann**, Emil, Deutschlands musikalische Heroen in ihrer Rückwirkung auf
die Nation. Berlin 1873. (Ebendas. H. 170.) —. 75.
469. **Riehl**, W. H., Musikalische Charakterköpfe. Ein kunstgeschichtliches Skizzenbuch.
3 Bde. (1. Bd. 6. Aufl., 2. Bd. 5. Aufl.) Stuttgart 1876—79. 15. —.

3. Litteraturgeschichte.

470. **Stern,** Ad., Katechismus der allgem. Literaturgeschichte. 2. Aufl. Leipzig 1876. 2. 40.
471. **Büchmann,** Georg, Geflügelte Worte. Der Citatenschatz des deutschen Volkes. 12. Aufl. Berlin 1880. 5. —.
472. **König,** Robert, Deutsche Literaturgeschichte. Mit Abbildungen. 10. Aufl. Biele= feld 1881. 14. —.
473. **Möbius,** Paul, Katechismus der deutschen Literaturgeschichte. 5. Aufl. Leipzig. 1. 50.
474. **Roquette,** Otto, Geschichte der deutschen Dichtung von den ältesten Denkmälern bis auf die Neuzeit. 3. Aufl. 2 Bde. Stuttgart 1879. 7. 20.
475. **Vilmar,** A. F. C., Geschichte der deutschen National=Literatur. 20. Aufl. Mar= burg 1881. 6. 50.

V. Erd- und Völkerkunde.

1. Physikalische Erdkunde.

476. **Dove,** H. W., Der Kreislauf des Wassers auf der Oberfläche der Erde. 2. Aufl. Berlin 1874. (Sammlung gemeinverständl. Vorträge H. 3.) —. 75.
477. **Engel,** Frz., Nacht und Morgen unter den Tropen. Berlin 1875. (Ebendas. H. 240.) 1. —.
478. **Geikie,** A., Kurzes Lehrbuch der physikalischen Geographie. Deutsche Ausg. v. B. Weigand. Mit Holzschn. u. Karten. Straßburg 1881. 5. —.
479. ***Hummel,** A., Das Leben der Erde. Blicke in ihre Geschichte, nebst Darstel= lung der wichtigsten und interessantesten Fragen ihres Natur= und Kulturlebens. Ein Volksbuch. Mit Illustr. Leipzig 1870. 6. —.
480. **Masius,** Herm., Geographisches Lesebuch. Umrisse und Bilder aus der Erd= und Völkerkunde. 1. Bd. 1. Abth. Zur physischen Geographie. Halle 1874. 4. —.
481. **Möhl,** Heinr., Erdbeben und Vulkane. Berlin 1874. (Sammlung gemein= verständl. Vorträge H. 202.) 1. 20.
482. **Roth,** Just., Flußwasser, Meerwasser, Steinsalz. Berlin 1878. (Ebendas. H. 306.) —. 75.
483. **Sohncke,** L., Ueber Stürme und Sturmwarnungen. Berlin 1875. (Ebendas. H. 233.) 1. 20.
484. **Süß,** E., Die Entstehung der Alpen. Wien 1875.

2. Politische Erdkunde, Reisebeschreibungen, Völkerkunde.

a. Allgemeines.

485. ***Albrecht,** H., Die Eroberung des Nordpols. Schilderung der Forschungs= reisen vom 16. bis zum 19. Jahrhundert. Der Jugend erzählt. Mit Bildern. Leipzig 1878. geb. 6. —.
486. ***Andree,** Rich., Die deutschen Nordpolfahrer und der Kampf um den Nordpol 1868—72. Populär geschildert. 2. Aufl. Mit Bildern. Leipzig 1874. geb. 3. —.
487. ***—** Wirkliche und wahrhafte Robinsonaden, Fahrten und Reiseerlebnisse aus allen Zonen. Für die reifere Jugend, sowie für gebildete Familienkreise. 2. Aufl. Mit Abbildungen. Leipzig 1877. 3. 50.
488. **Aus allen Welttheilen.** Illustrirte Monatshefte für Länder= und Völkerkunde und verwandte Fächer. Redact. Hugo Toeppen. gr. 4. Leipzig. Jährlich 12 Hefte. (Erscheint seit 1869.) jeder Jahrg. 9. 60.
489. **Barth,** Heinr., Das Becken des Mittelmeeres in natürlicher und kulturhistori= scher Beziehung. Vorlesung. Hamburg 1860. —. 60.
490. ***Berthelt,** Aug., Geographie in Bildern. Charakteristische Darstellungen und Schilderungen aus der Länder= und Völkerkunde. 4. Aufl. von R. Trentzsch. Mit Bildern. Leipzig 1876. cart. 4. 50.
491. **Bibliothek** geographischer Reisen und Entdeckungen älterer und neuerer Zeit. 1. 3. 5. 7. 10. Bd. Jena 1868—76. 40. 40.
Inhalt:
Bd. 1. Hayes, J. J., Das offene Polarmeer. Eine Entdeckungsreise nach dem Nordpol. Aus dem Engl. von J. E. A. Martin. Mit Illustr. 1868. 3. —.

Bd. 3. Baker, Sam. Wh., Der Albert Nyanza, das große Becken des Nil und die Erforschung der Nilquellen. Aus dem Engl. von J. E. A. Martin. Mit Illustrationen. 3. Aufl. 1875.   5. 40.

Bd. 5. Die schwedischen Expeditionen nach Spitzbergen und Bären=Eiland, aus= geführt in den Jahren 1861, 1864 und 1868 unter Leitung von O. Torell und A. E. Nordenskjöld. Aus dem Schwed. von L. Passarge. Mit Illustr. 1869. 3. —.

Bd. 7. Martins, Charles, Von Spitzbergen zur Sahara. Stationen eines Natur= forschers in Spitzbergen, Lappland, Schottland ꝛc. Aus dem Französ. von A. Bartels. 2. Aufl. 1871.   5. —.

Bd. 8. Livingstone, Dav. und Charl., Neue Missionsreisen in Südafrika unter= nommen im Auftrage der englischen Regierung. Forschungen am Zambesi und seinen Nebenflüssen nebst Entdeckungen der Seen Schirwa und Nyassa in den Jahren 1858—1864. Aus dem Engl. von J. E. A. Martin. Mit Illustrationen. 2. Aufl. 1874.   8. —.

Bd. 9. Shaw, Rob., Reise nach der Hohen Tatarei, Yarkand und Kaschgar und Rückreise über den Karakoram=Paß. Aus dem Engl. von J. E. A. Martin. Mit Illustrationen. 2. Aufl. 1876.   8. —.

Bd. 10. Morelet, Arth., Reisen in Central=Amerika. In deutscher Bearbeitung von H. Hertz. Mit Illustrationen. 2. Aufl. 1876.   8. —.

492. *Biernatzki, Karl, Meer und Festland. Schilderungen und Erzählungen für die Jugend. Mit 8 Bildern. 2. Aufl. Stuttgart 1879.   geb. 3. —.

493. *Bowman, A., Die jungen Seefahrer. 2. Aufl. Mit Abbild. Leipzig 1874.   geb. 4. 50.

494. Braun, Jul., Historische Landschaften. Stuttgart 1867.   6. —.

495. *Buch, Das, der denkwürdigsten Entdeckungen auf dem Gebiete der Länder= und Völkerkunde. In Verbindung mit F. Otto, R. Oberländer und H. Zimmer= mann herausg. von Louis Thomas. Mit Illustrationen. 1. Bdchn. 6. Aufl. 2. Bdchn. 5. Aufl. Leipzig.   4. —.

496. Buchner, Max, Reise durch den Stillen Ocean. Breslau 1878.   10. —.

497. Daniel, Herm. Adb., Kleineres Handbuch der Geographie. Auszug aus des Verf. vierbändigem Werke. 3. Aufl. Leipzig 1877.   10. —.

498. *Dielitz, Theod., Ost und West. Neue Land= und Seebilder, für die Jugend bearbeitet. Mit 8 Bildern. 4. Aufl. Berlin 1879.   cart. 4. 50.

499. *— Wanderungen. Für die Jugend bearbeitet. 4. Aufl. Mit 8 Bildern. Berlin 1879.   cart. 4. 50.

500. *— Zonenbilder. Für die Jugend bearbeitet. 4. Aufl. Mit 8 Bildern. Berlin 1879.   cart. 4. 50.

501. Franklin=Expeditionen, Die, und ihr Ausgang. Entdeckung der nordwestlichen Durchfahrt durch Mac Clure, sowie Auffindung der Ueberreste von Franklin's Expe= dition durch Kapitän Sir Leopold M'Clintock. 4. Aufl., durchgesehen von F. Kiese= wetter. Mit Illustr. Leipzig 1879.   4. —.

502. Gerstäcker, Friedr., Reisen um die Welt. Ein Familienbuch. 6 Bde. 4. Aufl. Mit Abbildungen. Leipzig 1875.   16. —.

503. Globus. Illustrirte Zeitschrift für Länder= und Völkerkunde. Begründet von Karl Andree. In Verbindung mit Fachmännern und Künstlern hrsg. von Rich. Kiepert. 4. Braunschweig. (Erscheint seit 1861.) Jährlich 2 Bde. je   12. —.

504. *Griesinger, Theod., Im hohen Norden. Reisen und Abenteuer in den Polar= ländern. Mit Illustr. 3. Aufl. Eßlingen 1880.   geb. 4. —.

505. *Grube, A. W., Geographische Charakterbilder in abgerundeten Gemälden aus der Länder= und Völkerkunde. 3 Thle. mit je 1 Stahlst. Leipzig 1878. (1. u. 2. Theil 15. Aufl., 3. Theil 11. Aufl.)   11. 10.

506. *— Bilder und Scenen aus dem Natur= und Menschenleben in den fünf Haupt= theilen der Erde. 4 Thle. mit Bildern. 5. Aufl. Stuttgart 1874.   9. —.

507. *— Alpenwanderungen. Fahrten auf hohe und höchste Alpenspitzen. 2 Thle. mit Illustrationen. Oberhausen 1873.   9. —.

508. Hartwig, Geo., Der hohe Norden im Natur= und Menschenleben dargestellt. 2. Aufl. Wiesbaden 1867.   6. —.

509. — Die Tropenwelt. Skizzen aus dem Natur= und Menschenleben in den heißen Gegenden der Erde. 2. Aufl. Mit Illustr. Wiesbaden 1874—75.   14. —.

510. *Hildebrandt, Ed., Reise um die Erde. Nach seinen Tagebüchern und münd= lichen Berichten erzählt von Ernst Kossak. 6. Aufl. 3 Thle. in 1 Bde. Berlin 1879.   5. —.

511. ***Hofmann**, F., Der neue Robinson oder Schiffbruch des Pacific. 6. Aufl. Mit Holzschn. Stuttgart. 2. 40.
512. **Hübner**, Al. Frhr. von, Ein Spaziergang um die Welt. 3. Aufl. 3 Bde. Leipzig 1875. 7. 50.
513. ***Kane**, der Nordpolfahrer. Arktische Fahrten und Entdeckungen der zweiten Grinell=Expedition zur Aufsuchung Sir John Franklins in den Jahren 1853, 1854 und 1855 unter Elisha Kent Kane. Beschrieben von ihm selbst. 6. Aufl. v. F. Kiesewetter. Mit Abbildungen. Leipzig 1879. 4. —.
514. ***Kutzner**, J. G., Ein Weltfahrer oder Erlebnisse in vier Welttheilen. Jugend, Schicksal, Reisen und Entdeckungen von Elisha Kent Kane, dem Nordpolfahrer. 2. Aufl., mit Abbildungen. Leipzig 1874. 4. 50.
515. *— Geographische Bilder, enthaltend das Interessanteste und Wissenswürdigste aus der Länder= und Völkerkunde und der Physik der Erde. 2. Aufl. 2 Bde. Mit 15 Stahlst. Glogau 1877. geb. 14. —.
516. **Lippert**, Jul., Die Völker und Staaten der Erde. Einer volksverständlichen Geographie ethnologisch=politischer oder zweiter Theil. Prag 1880. 4. —.
517. ***Mensch**, G., Nach dem Nordpol. Natur= und Sittenbilder von jenseits des nördl. Polarkreises. Für die Jugend bearbeitet. Mit 6 Farbdrucktafeln ꝛc. Stuttgart 1873. geb. 3. —.
518. *— Elisha Kent Kane, der Nordpolfahrer. Eine Reisebeschreibung für Jung und Alt. Mit 4 Holzschn. Breslau 1869. cart. —. 75.
519. **Nordenskjöld**, A. Erik Frhr. von, Die Umsegelung Asiens und Europas auf der Vega 1878—1880. Deutsche Ausg. Mit Abbild. In ca. 20 Lief. Leipzig 1880 ff. jede Lief. Mk. 1.
520. **Nordpolarreisen**, Die, Adolf Erik Nordenskjöld's 1858—1879. Aus dem Englischen. Mit 44 Holzschnitten und 4 Karten. Leipzig 1880. 10. —.
521. ***Oberländer**, Rich., Der Mensch vormals und heute. Abstammung, Alter, Urheimat und Verbreitung der menschlichen Rassen. Eine Völkerkunde für Alt und Jung. Mit Illustr. Leipzig 1878. 3. —.
522. **Payer**, Jul., Die österreichisch=ungarische Nordpol=Expedition in den Jahren 1872—74, nebst einer Skizze der zweiten deutschen Nordpol=Expedition 1869—70 und der Polar=Expedition von 1871. Mit Illustr. Wien 1876. 13. —.
523. **Pütz**, Wilh., Vergleichende Erd= und Völkerkunde in abgerundeten Gemälden, für Schule und Haus. 2. Aufl. 2 Bde. Köln 1874—75. 12. 50.
524. ***Redenbacher**, Wilh., Des englischen Kapitäns Cook berühmte Reisen um die Welt. Für die Jugend. 6. Aufl. Mit 6 Stahlst. Eßlingen 1880. geb. 2. —.
525. **Reise** der österreichischen Fregatte Novara um die Erde, in den Jahren 1857, 1858, 1859. Beschreibender Theil von Karl von Scherzer. 4., Volks=Ausg. Mit Abbild. 2 Bde. Wien 1868—69. 9. —.
526. **Schöppner**, Alex., Hausschatz der Länder= und Völkerkunde. 3. Aufl. Leipzig 1875. 16. —.
527. ***Werner**, Reinh., Erinnerungen und Bilder aus dem Seeleben. 2. Aufl. Berlin 1881. geb. 6. —.

b. Afrika.

528. **Andree**, Karl, Forschungsreisen in Arabien und Ostafrika nach den Entdeckungen von Burton, Speke, Krapf, Rebmann, Ehrhardt u. A. 2 Bde. Leipzig 1861. 18. —.
529. ***Andree**, Rich., Abessinien, das Alpenland unter den Tropen und seine Grenzländer. Schilderungen von Land und Volk, vornehmlich unter König Theodoros (1855—1868). Nach den Berichten älterer und neuerer Reisender bearbeitet. Mit Abbild. Leipzig 1869. 4. —.
530. ***Arnold**, Rob., Am heiligen Nil. Aegypten vom Anfang seiner Cultur bis auf den Khedive Jsmael Pascha. Der reifen Jugend und allen Gebildeten geschildert. Mit Illustr. Leipzig 1878. 2. 50.
531. **Barth**, Herm. v., David Livingstone, der Afrikareisende. Ostafrika vom Limpopo bis zum Somáli=Lande. Erforschungsreisen im Osten Afrikas. Mit besonderer Rücksicht auf Leben, Reisen und Tod von David Livingstone. An Stelle der 4. Aufl. von „Livingstone, der Missionär". 2. Ausg. Mit Abbildungen. Leipzig 1876. 9. —.
532. ***Burmann**, K., Im Herzen von Afrika. Eine Reise durch den dunkeln Welttheil. Der Jugend erzählt. Mit Abbild. Leipzig 1878. geb. 6. —.
533. **Chavanne**, Jos., Die Sahara von Oase zu Oase. Bilder aus dem Natur= und Volksleben in der großen afrikanischen Wüste. Mit Illustr. Wien 1878. 10. 80.

534. ***Hobirk**, Elisab., Der Tigerfürst. Erlebnisse und Abenteuer, Natur= und Sitten=
schilderungen aus den Wildnissen Abessiniens. Nach dem Engl. des Will. Dalton.
Mit Abbildungen. Leipzig 1878.   5. —.
535. **Holub**, Emil, Sieben Jahre in Süd=Afrika. Erlebnisse, Forschungen und
Jagden auf meinen Reisen von den Diamantfeldern zum Zambesi. (1872—1879.)
Mit Illustr. und Karten. 2 Bde. Wien 1880.   17. —.
536. ***Oberländer**, Rich., Westafrika vom Senegal bis Benguela. Reisen und
Schilderungen aus Senegambien, Ober= und Niederguinea. Nach Berichten von
Mungo Park, Lambert, Mage u. A.   3. Aufl. Mit Abbild. Leipzig 1878. 7. —.
537. *— David Livingstone, der Missionär. Entdeckungsreisen im Süden und Innern
Afrikas während der Jahre 1840 bis 1873. Nach David Livingstone's Werken und
hinterlassenen Aufzeichnungen bearbeitet. 5. Aufl. Mit Abbild. Leipzig 1879. 4. —.
538. *— Livingstone's Nachfolger. Afrika von Ost nach West durchwandert von
Stanley und Cameron. Nach den Tagebüchern und Berichten der Reisenden be=
arbeitet. Mit Abbildungen. Leipzig 1879.   4. —.
539. ***Oppel**, Karl, Das alte Wunderland der Pyramiden. Geograph., geschichtl.
und kulturhistor. Bilder aus der Vorzeit Aegyptens. 4. Aufl. Mit Abbild.
Leipzig 1881.   6. —.
540. **Rohlfs**, Gerh., Reise durch Marokko, Uebersteigung des großen Atlas, Exploration
der Oasen von Tafilet, Tuat und Tidikelt, und Reise durch die große Wüste über
Rhadames nach Tripoli. 2. Aufl. Bremen 1869.   5. —.
541. **Stanley's**, Henry M., Reise durch den dunklen Welttheil. Nach Stanley's
Berichten für weitere Kreise bearb. v. Bernh. Volz. M. Abbild. Leipzig 1881. 5. —.
542. ***Stanley**, H., Kalulu, Prinz, König und Sklave. Scenen aus dem Leben in
Centralafrika. Für die deutsche Jugend bearb. von L. Mannheim. Mit Illustr.
3. Aufl. Leipzig 1879.   4. 50.
543. ***Zöllner**, Reinh., Der schwarze Erdtheil und seine Erforscher. Reisen und Ent=
deckungen, Jagden und Abenteuer, Land und Volk in Afrika. Mit Bildern. Biele=
feld 1874.   geb. 6. —.

c. Amerika.

544. ***Armin**, Th., Das alte Mexiko und die Eroberung Neuspaniens durch Ferdi=
nand Cortez. Nach W. Prescott, Bernal Diaz und Anderen bearbeitet. Mit Abbild.
Leipzig 1865.   6. —.
545. *— Das heutige Mexiko. Land und Volk unter Spaniens Herrschaft, sowie
nach erlangter Selbständigkeit bis zum Tode des Kaisers Maximilian. 2. Aufl.
Leipzig 1868.   6. —.
546. **Gerstäcker**, Friedr., Meine Reisen durch die Vereinigten Staaten, Mexiko, Ecuador,
Westindien und Venezuela. 3 Bde. Jena 1868.   9. —.
547. **Hofmann**, Hans, Nach Brasilien und zurück in die Heimat. Tagebuchblätter.
gr. 16. Mit Bildern. Eßlingen 1879.   cart. 2. —.
548. ***Kottenkamp**, Franz, Die ersten Amerikaner im Westen. Daniel Boone und
seine Gefährten. (Die Gründung Kentuckys.) Tecumseh und dessen Bruder. Für
die reifere Jugend bearbeitet. Mit Bildern. 2. Ausg. Stuttgart 1858. 5. 25.
549. **Möllhausen**, Balduin, Wanderungen durch die Prairien und Wüsten des west=
lichen Nordamerika vom Mississippi nach den Küsten der Südsee im Gefolge der von
der Regierung der Vereinigten Staaten unter Lieut. Whipple ausgesandten Expe=
dition. 2. Aufl. Leipzig 1860.   —.
550. — Reisen in die Felsengebirge Nord=Amerika's bis zum Hochplateau von Neu=
Mexico, unternommen als Mitglied der im Auftrage der Regierung der Vereinigten
Staaten ausgesandten Colorado=Expedition. Mit Abbildungen. 2 Bde. Leipzig
1861.   20. 40.
551. **Ratzel**, Friedr., Städte= und Kulturbilder aus Nordamerika. 2 Thle. Leipzig
1876.   9. —.
552. — Aus Mexiko. Reiseskizzen a. d. Jahren 1874 u. 1875. Breslau 1878. 10. —.
553. **Schlagintweit**, Rob. v., Die Pacific=Eisenbahn in Nordamerika. Mit Illustr.
Leipzig 1870.   4. —.
554. — Californien. Land und Leute. Mit Illustr. Leipzig 1871.   5. —.
555. — Die Prairien des amerikanischen Westens. Mit Illustr. Leipzig 1876. 3. 60.
556. **Tschudi**, J. J. von, Reisen durch Südamerika. 5 Bde., mit Abbild. Leipzig
1866—69.   45. —.

d. Asien.

557. **Dixon**, Will. H., Das heilige Land. Nach der 4. Aufl. aus dem Engl. von J. E. A. Martin. Mit Abbildungen. Jena 1870. 3. —.
558. **Friedmann**, S., Die ostasiatische Inselwelt. Land und Leute von Niederländisch-Indien, den Sunda-Inseln, den Molukken, sowie Neu-Guinea. Reise-Erinnerungen und Schilderungen. 2 Bde. Leipzig 1868. 8. —.
559. **Hellwald**, Friedr. von, Centralasien. Landschaften und Völker in Kaschgar, Turkestan, Kaschmir und Tibet. Mit besonderer Rücksicht auf Rußlands Bestrebungen und seinen Kulturberuf. 2. Ausg. Mit Abbildungen. Leipzig 1879. 8. —.
560. — Hinterindische Länder und Völker. Reise in den Flußgebieten des Irawaddy und Mekong in Siam, Kambodsche und Annam. 2. Ausg. Mit Abbildungen. Leipzig 1879. 6. —.
561. *Höcker, Osk., Der Spion von Afghanistan. Erzählung aus den Jahren 1870 bis 1879 für die reifere Jugend. Mit Bildern. Leipzig 1880. 3. —.
562. **Kohn**, Alb., und Rich. Andree, Sibirien und das Amurgebiet. Geschichte und Reisen, Landschaften und Völker zwischen Ural und Beringstraße. 2. Aufl. 2 Bde. Leipzig 1876. 9. —.
563. **Nippon-Fahrer**, Die, oder: Das alte und das neue Japan. In Schilderungen der bekanntesten älteren und neueren Reisen. Ursprünglich bearbeitet von F. Steger und H. Wagner, sowie in 2. Aufl. von Rich. Andree. 3. Ausg. v. E. Hintze. Mit Abbild. Leipzig 1874. 7. —.
564. **Palgrave**, W. G., Reise in Arabien. Aus dem Engl. 2 Bde. Leipzig 1867 bis 1868. 10. 50.
565. **Prschewalski**, N. v., Reisen in der Mongolei, im Gebiet der Tanguten und den Wüsten Nordtibets in den Jahren 1870—73. Aus dem Russ. v. Alb. Kohn. Mit Illustr. Jena 1877. 12. —.
566. *Rousselet, L., Mali, der Schlangenbändiger. Scenen aus dem ostindischen Leben für die deutsche Jugend bearb. von L. Mannheim. 2. Aufl. Mit Illustr. Leipzig 1879. 4. 50.
567. **Vámbéry**, Herm., Reise in Mittelasien von Teheran durch die turkmanische Wüste an der Ostküste des kaspischen Meeres nach Chiwa, Bochara und Samarkand. 2. Aufl. Mit Abbild. Leipzig 1873. 9. —.
568. — Skizzen aus Mittelasien. Ergänzungen zu meiner Reise in Mittelasien. Leipzig 1868. 6. —.
569. **Werner**, Reinh., Die preußische Expedition nach China, Japan und Siam in den Jahren 1860, 1861 und 1862. Reisebriefe. 2. Aufl. Mit Abbildungen. Leipzig 1873. 9. —.

e. Australien.

570. **Christmann**, Fr., Australien. Geschichte der Entdeckung und Colonisation. Bilder aus dem Leben der Ansiedler in Busch und Stadt. 2. Aufl. von Rich. Oberländer. Mit Abbildungen. Leipzig. 6. —.
571. — und Rich. Oberländer, Oceanien, die Inseln der Südsee. Aeltere und neuere Erforschungsreisen im Gebiete der Inselgruppen des Stillen Meeres. Mit Abbildungen. 2 Abtheilungen. Leipzig 1873. 8. —.
572. *Freigang, Ludw., Auf Neu-Guinea. Neun Jahre unter den Orang-Wots. Eine Erzählung für die Jugend. Leipzig 1878. 5. —.
573. **Masius**, Herm., Die Schiffbrüchigen oder Zwanzig Monate auf einem Riff der Aucklandsinseln. Nach dem Berichte F. E. Raynal's. Mit 40 Holzschn. u. 1 Karte. Leipzig. 4. 50.
574. **Rietmann**, O., Wanderungen in Australien und Polynesien. St. Gallen 1868. 4. 50.
575. **Wallace**, Alfr. Russel, Der malayische Archipel. Reiseerlebnisse und Studien über Land und Leute. Deutsche Ausg. von A. B. Meyer. Mit Illustr. 2 Bde. Braunschweig 1869. 13. 50.

f. Europa.

576. **Berlepsch**, H. A., Die Alpen, in Natur- und Lebensbildern dargestellt. Mit Illustr. 4. Aufl. Jena 1869—70. (Taschenausgabe 3. Aufl. 1866. M. 2,70.) 9. —.
577. **Binzer**, Karl v., Kreuz- und Querzüge durch Italien im Sommer 1876. Stuttgart 1877. 4. —.

578. **Brandes,** H. C., Ausflug in die Pyrenäen und Ersteigung des Montperdu im Sommer 1854. Lemgo 1855. 1. —.
579. — Ausflug nach England im Sommer 1851. Lemgo 1855. 1. —.
580. — Ausflug nach Schottland im Sommer 1850. Lemgo 1855. 1. —.
581. — Ausflug nach Schweden im Sommer 1858. Lemgo 1859. 2. —.
582. — Ausflug nach Griechenland im Sommer 1860. Lemgo u. Detmold 1861. 1. 50.
583. ***Feierabend,** Aug., Die Schweizerische Alpenwelt. Mit Bildern. Bielefeld 1873. geb. 5. 50.
584. **Forster,** Georg, Ansichten vom Niederrhein, von Brabant, Flandern, Holland, England und Frankreich im April, Mai und Juni 1790. Mit Einleitung und Anmerkungen von Wilh. Buchner. Leipzig 1868. 2. —.
585. **Gregorovius,** Ferd., Corsica. 3. Aufl. 2 Bde. Stuttgart 1878. 9. —.
586. **Rath,** G. vom, Der Vesuv. Berlin 1873. (Sammlung gemeinverständl. Vorträge H. 185.) 1. 60.
587. **Ritter,** Karl, Europa. Vorlesungen, hrsg. v. H. A. Daniel. Berlin 1863. 5. 50.
588. **Wallace,** D. Mackenzie, Rußland. Nach der 7. Aufl. des Originals überf. von E. Röttger. 3. Aufl. Leipzig 1880. 12. —.
589. **Wild,** Alb., Die Niederlande. Ihre Vergangenheit und Gegenwart. 2 Bde. Leipzig 1862. 12. —.
590. **Willkomm,** Mor., Wanderungen durch die nordöstlichen und centralen Provinzen Spaniens. Reiseerinnerungen aus dem Jahre 1850. 2 Thle. Leipzig 1852. 10. 50.

g. Deutschland insbesondere.

591. **Allmers,** Herm., Marschenbuch. Land- und Volksbilder aus den Marschen der Weser und Elbe. 2. Aufl. Mit Holzschn. Oldenburg 1875. 6. —.
592. **Buchner,** Wilh., Der Rhein, der Deutschen Lieblingsstrom. Berlin 1876. (Sammlung gemeinverständl. Vorträge H. 250.) —. 75.
593. ***Daniel,** Herm. Adb., Deutschland für die Jugend. Bearb. von H. O. Zimmermann. Neue Ausg. Leipzig 1879. 2. —.
594. ***Dietlein,** W., Deutschland über Alles! Deutsches Land und Volk in Charakterbildern. Für Alt und Jung, sowie für Haus und Schule. Mit Illustrationen. Leipzig 1877. 3. —.
595. **Engelhardt,** Karl Aug., Vaterlandskunde für Schule und Haus im Königreich Sachsen. 11. Aufl. Der neuen Bearb. durch Th. Flathe 3. Aufl. Leipzig 1877. 2. 40.
596. **Kloeden,** G. A. v., und F. v. Köppen, Unser deutsches Land und Volk. Illustrirte vaterländische Bilder aus Natur, Geschichte, Industrie und Volksleben des neuen deutschen Reiches. (In 12 Bänden.) 2. Ausg. Leipzig 1878 flg.
    Inhalt: Band 1. Schilderung aus den deutschen Alpen, dem Alpenvorlande und aus Oberbayern. Mk. 4. Band 2. Bilder aus der schwäbisch-bayerischen Hochfläche und aus den Main-Neckar-Gegenden. Mk. 4,50. Band 3. Bilder aus den neuen Reichslanden und aus dem südwestlichen Deutschland. Mk. 5.
597. **Kutzen,** J., Das deutsche Land in seinen charakteristischen Zügen und seinen Beziehungen zu Geschichte und Leben der Menschen. 3. Aufl. von W. Koner. Breslau 1880. 8. —.
598. **Sigismund,** Berth., Lebensbilder vom sächsischen Erzgebirge. Leipzig. (Bergson's Eisenbahnbücher Thl. 31.) 1. —.
599. — Land und Leute der sächsischen Lausitz. Leipzig. (Bergson's Eisenbahnbücher Thl. 51.) —. 75.

VI. Naturkunde.

1. Allgemeines.

600. ***Bach,** M., Studien und Lesefrüchte aus dem Buche der Natur. Für jeden Gebildeten, zunächst für die reifere Jugend und ihre Lehrer. 1. u. 2. Bd. 6. Aufl. Köln 1878—80. 5. —.
601. ***Bernstein,** A., Naturwissenschaftliche Volksbücher. Wohlfeile Gesammtausg. 20 Bde. u. Suppl.-Bd. 3. Abdruck. gr. 16. Berlin 1880. jed. Bd. Mk. 0,60. 12. 60.
602. **Cohn,** Ferd., Licht und Leben. 2. Aufl. Berlin 1872. (Sammlung gemeinverständl. Vorträge H. 80.) —. 60.

603. ***Elementarbücher,** naturwissenschaftliche, für den ersten Unterricht in Elementar=, Mittel=, Real= und Töchterschulen. 10 Bdchn. gr. 16. Straßburg 1878—81. jeb. Bdchn. cart. Mk. 0,80.					8. —.

Inhalt: Roscoe, J. E., Chemie. Deutsch v. F. Rose. 2. Aufl. — Stewart, B., Physik. Deutsch v. E. Warburg. 2. Aufl. — Lockyer, N., Astronomie. Deutsch von A. Winnecke. 2. Aufl. — Geikie, A., physikalische Geographie. Deutsch von O. Schmidt. 2. Aufl. — Geikie, A., Geologie. Deutsch von O. Schmidt. 2. Aufl. — Schmidt, O., Thierkunde. — Bary, H. A. de, Botanik. — Peters, K. F., Mineralogie. — Foster, M., Physiologie. Deutsch von O. Schmidt. — Huxley, T. H., allgemeine Einführung in die Naturwissenschaften. Deutsch von O. Schmidt.

604. ***Faraday,** Mich., Naturgeschichte einer Kerze. Sechs Vorlesungen für die Jugend aus dem Engl. übertragen von Lüdicke. Mit Holzschn. Berlin 1870. 2. —.

605. ***** — Die verschiedenen Kräfte der Materie und ihre Beziehungen zu einander. Sechs Vorlesungen für die Jugend. Uebersetzt von H. Schröder. Mit Holzschn. Berlin 1873.						2. —.

606. ***Grube,** A. W., Biographien aus der Naturkunde in ästhetischer Form und religiösem Sinne. 1. Reihe 7. Aufl., 2. Reihe 5. Aufl., 3. Reihe, 4. Reihe 2. Aufl. Stuttgart 1875—79.					12. 60.

607. ***** — Naturbilder. Ausgewählt aus den „Biographien aus der Naturkunde." 14 Bdchn. gr. 16. Stuttgart 1874—78. jeb. Bdchn. cart. Mk. 0,75.	10. 50.

608. **Häckel,** Ernst, Das Leben in den größten Meerestiefen. Berlin 1870. (Sammlung gemeinverständl. Vorträge H. 110.)				1. —.

609. **Harting,** P., Skizzen aus der Natur. Aus dem Holländ. übers. v. J. E. A. Martin. Mit Holzschn. 2 Thle. Leipzig 1854—56.			4. 65.

610. **Hartwig,** Geo., Gott in der Natur oder die Einheit der Schöpfung. Eine Darstellung für Gebildete aller Stände. Mit Holzschnitten. Wiesbaden 1864. 6. —.

611. — Das Leben des Meeres. Eine Darstellung für Gebildete aller Stände. 5. Aufl. Mit Jllustr. Glogau 1862.				11. 25.

612. — Das Leben des Luftmeeres. Populäre Streifzüge in das atmosphärische Reich. Mit Jllustr. Wiesbaden 1872.			6. 20.

613. ***Hintze,** Ed., Die Schöpfung der Erde. Die Urwelt und die Urgeschöpfe bis zum Auftreten des Menschen. Blicke in das Erdinnere, Wanderungen in die Gebirgswelt, namentlich unseres Vaterlandes, nach Kreuz und Quer. Mit Jllustr. Leipzig 1872.					2. 50.

614. **Humboldt,** Al. v., Ansichten der Natur. gr. 16. Stuttgart 1874. (Ausgewählte Werke. Lief. 34. 35.)

615. **Huxley,** Thom. H., Reden und Aufsätze naturwissenschaftlichen, pädagogischen u. philosophischen Inhalts. Deutsche Ausg. nach der 5. Aufl. des engl. Originals. Hrsg. v. Fritz Schultze. 2. Aufl. Berlin 1879.			6. —.

616. **Kiesenwetter,** H. v., u. Th. Reibisch, Der Naturaliensammler. Das Anlegen u. Aufbewahren von Naturaliensammlungen. Wegweiser für Jung und Alt. Mit Abbild. Leipzig 1876.						4. —.

617. **Lenz,** Harald Othmar, Gemeinnützige Naturgeschichte. Mit Abbild. 5 Bde. Gotha.

Inhalt:
Bd. 1. Die Säugethiere. 5. Aufl. 1872—73.			7. 20.
Bd. 2. Die Vögel. 5. Aufl. 1875.				7. 20.
Bd. 3. Die Reptilien, Amphibien, Fische und wirbellosen Thiere. 5. Aufl. 1878. 7. 20.
Bd. 4. Das Pflanzenreich. 5. Aufl. 1881.			7. 20.
Bd. 5. Das Mineralreich. 4. Aufl. 1868.			4. —.

618. ***Masius,** Herm., Naturstudien. Skizzen. 2 Bde. Mit Jllustr. Leipzig. (1. Bd. 9. Aufl. 1880, 2. Bd. 4. Aufl. 1877.)				10. —.

619. **Natur,** Die. Zeitung zur Verbreitung naturwissenschaftlicher Kenntniß und Naturanschauung für Leser aller Stände. Hrsg. von Karl Müller. gr. 4. Halle (erscheint seit 1851).				jeb. Jahrg. 16. —.

620. **Naturkräfte,** Die. Eine naturwissenschaftliche Volksbibliothek hrsg. von einer Anzahl von Gelehrten. 30 Bde. Mit Abbild. München. jeb.Bd. 3 Mk., zusamm. 60. —.

Inhalt:
Bd. 1. Radau, R., Die Lehre vom Schall. Gemeinfaßliche Darstellung der Akustik. 1869.
Bd. 2. Pisko, Fr. Jos., Licht und Farbe. Eine gemeinfaßliche Darstellung der Optik. 1869.
Bd. 3. Die Wärme. Nach dem Französ. des Prof. Cazin deutsch bearb. Hrsg. durch Phil. Carl. 1870.

Bd. 4. Pfaff, Friedr., Das Wasser. 1870.

Bd. 5. Zech, Himmel und Erde. Eine gemeinfaßliche Beschreibung des Weltalls. 1871.

Bd. 6. Carl, Die elektrischen Naturkräfte, der Magnetismus, die Elektricität und der galvanische Strom mit ihren hauptsächlichsten Anwendungen gemeinfaßlich dargestellt. 1871.

Bd. 7. Pfaff, Fr., Die vulkanischen Erscheinungen. 1871.

Bd. 8. u. 9. Zittel, Karl A., Aus der Urzeit. Bilder aus der Schöpfungsgeschichte. 2. Aufl. 1875.

Bd. 10. Lommel, E., Wind und Wetter. Gemeinfaßliche Darstellung der Meteorologie. 2. Aufl. 1880.

Bd. 11. Ratzel, Friedr., Die Vorgeschichte der europäischen Menschen. 1874.

Bd. 12. Thomé, O. W., Bau und Leben der Pflanzen. 1874.

Bd. 13. Kollmann, J., Mechanik des menschlichen Körpers. 1874.

Bd. 14. Merkel, Fr., Das Mikroskop und seine Anwendung. 1875.

Bd. 15. Zech, P., Das Spektrum u. die Spektralanalyse. 1875.

Bd. 16. Hartmann, C. E. R., Darwinismus und Thierproduktion. 1876.

Bd. 17. Senft, Ferd., Fels und Erdboden. Lehre von der Entstehung und Natur des Erdbodens. 1876.

Bd. 18. Niemeyer, P., Gesundheitslehre des menschlichen Körpers. 1876.

Bd. 19. Ranke, Joh., Die Ernährung des Menschen. 1876.

Bd. 20. Hamm, W. v., Die Naturkräfte in ihrer Anwendung auf die Landwirthschaft. 1876.

Bd. 21. u. 22. Graber, V., Die Insekten. 1. Thl. Der Organismus der Insekten. 1877. 2. Thl. Vergleichende Lebens- und Entwicklungsgeschichte der Insekten. Doppelband. 1877—79.

Bd. 23. Mayr, Geo., Die Gesetzmäßigkeit im Gesellschaftsleben. Statistische Studien. 1877.

Bd. 24. Pfaff, Fr., Die Naturkräfte in den Alpen oder physikal. Geographie des Alpengebirges. 1877.

Bd. 25. Krebs, G., Die Erhaltung der Energie als Grundlage der neueren Physik. 1878.

Bd. 26. u. 27. Jäger, Gust., Die menschliche Arbeitskraft. 1878.

Bd. 28. Ranke, Joh., Das Blut. Eine physiologische Skizze. 1878.

Bd. 29. Lorenz v. Liburnau, Jos. R., Wald, Klima und Wasser. 1878.

Bd. 30. Heller, Arn., Die Schmarotzer mit besond. Berücksichtigung der für den Menschen wichtigen. 1880.

621. **Preyer**, W., Naturwissenschaftliche Thatsachen und Probleme. Populäre Vorträge. Berlin 1880.   9. —.

622. ***Roßmäßler**, E. A., Die vier Jahreszeiten. 5. Aufl. Mit Illustrationen. Leipzig 1877.   5. —.

623. ***Ruß**, Karl, Natur- und Culturbilder. Breslau 1868.   6. —.

624. *— Deutsche Heimathsbilder. Schilderungen aus dem heim. Naturleben. Berlin 1872.   6. —.

625. *— Durch Feld und Wald. Bilder aus dem Naturleben. 2. Aufl. Mit Illustr. Leipzig 1875.   6. —.

626. *— Naturwissenschaftliche Blicke ins tägliche Leben. 2. Aufl. Mit Holzschn. Breslau 1876.   6. —.

627. ***Schmerz**, Leop., Naturgeschichtliche Charakterbilder. Wanderungen in Wald und Feld. 2 Bde. (1. Bd. in 2. Aufl.) Leipzig 1879—80.   6. 60.

628. **Schoedler**, Friedr., Das Buch der Natur, die Lehren der Physik, Astronomie, Chemie, Mineralogie, Geologie, Botanik, Zoologie und Physiologie umfassend. 21. Aufl. In 2 Theilen. Mit über 1000 Holzst. 2c. Braunschweig 1879—80.   9. 60.

629. ***Stahl**, Heinr., Die Wasserwelt. Das Leben des Wassers in allen seinen Gestalten und Formen in Quell, Strom, See und Ocean, als Eis, Regen, Niederschlag u. s. w. 2. Aufl. Mit Abbild. Leipzig 1864.   4. —.

630. **Tyndall**, John, Fragmente aus den Naturwissenschaften. Vorlesungen und Aufsätze. Deutsche Ausg., übers. von A. H. Mit Vorwort und Zusätzen von H. Helmholtz. Braunschweig 1874.   12. —.

631. ***Wagner**, Herm., In die Natur! Biographieen aus dem Naturleben für die Jugend und ihre Freunde. 1. Samml. 5. Aufl., 2. Samml. 4. Aufl., 3. Samml. 2. Aufl. Bielefeld 1877—78.   3. 60.

632. ***Wagner**, Herm., Naturgeschichte. Der Jugend gewidmet. 3. Aufl. Mit Abbild. Stuttgart 1876. cart. 3. 50.
633. *— Naturschilderungen. Der Jugend gewidmet. Mit 8 Bildern. 3. Aufl. Stuttgart 1874. geb. 4. 50.
634. *— Das Buch der Natur. Naturwissenschaftliche Lebensbilder für Jung und Alt. 2 Bde. 2. Aufl. Mit Illustr. Glogau 1880. geb. 5. —.
635. *— Wanderungen am Meeresstrande. Mit seinen jungen Freunden ausgeführt. Mit Illustr. Glogau 1869. cart. 4. —.
636. *— Entdeckungsreisen in der Wohnstube. 4. Aufl. Mit Abbild. Leipzig 1876. 2. —.
637. *— Entdeckungsreisen in Haus und Hof. 4. Aufl. Mit Abbild. Leipzig 1876. 2. —.
638. *— Entdeckungsreisen im Wald und auf der Haide. 4. Aufl. Mit Abbild. Leipzig 1876. 2. —.
639. *— Entdeckungsreisen in Feld u. Flur. 4. Aufl. Mit Abbild. Leipzig 1876. 2. —.
640. *— Entdeckungreisen in der Heimat. I. Im Süden. Eine Alpenreise. 2. Aufl. Mit Abbild. Leipzig. 2. —.
641. *— Entdeckungreisen in der Heimat. II. Streifereien im Flachland von Mitteldeutschland. 2. Aufl. Mit Abbild. Leipzig 1873. 2. —.
642. ***Willkomm**, Mor., Die Wunder des Mikroskops oder die Welt im kleinsten Raume. Für Freunde der Natur und mit Berücksichtigung der studirenden Jugend bearbeitet. 4. Aufl. Mit Abbild. Leipzig 1878. 6. —.

2. Astronomie.

643. **Jahn**, G. A., Katechismus der Astronomie. Belehrungen über den gestirnten Himmel, die Erde und den Kalender. 5. Aufl. bearbeitet von A. Drechsler. Mit Abbildungen. Leipzig 1880. geb. 2. 50.
644. **Littrow**, J. J. v., Die Wunder des Himmels oder gemeinfaßliche Darstellung des Weltsystems. 6. Aufl. bearbeitet von Carl v. Littrow. Mit Abbild. Berlin 1876—78. 16. 50.
645. **Mädler**, J. H. v., Der Wunderbau des Weltalls oder populäre Astronomie. 7. Aufl. Neu bearbeitet von W. Klinkerfues. Nebst Atlas und Abbild. Straßburg 1879. 11. —.
646. ***Rey**, Jac., Himmel und Erde. Einführung in die Himmelskunde. Für die reifere Jugend. Mit Illustr. Leipzig 1872. 2. —.
647. **Siegmund**, Ferd., Durch die Sternenwelt oder die Wunder des Himmelsraumes. Mit Illustr. Wien 1878—79. 12. —.
648. **Ule**, Otto, Die Wunder der Sternenwelt. Mit Illustr. 2. Aufl. Leipzig 1876. 8. —.

3. Physik und Chemie.

649. ***Crüger**, Joh., Schule der Physik. Eine Anleitung zur Anstellung einfacher Versuche und populäre Entwickelung der wichtigsten Naturgesetze. 11. Aufl. Mit 500 Holzschn. Leipzig 1880. 7. —.
650. **Gretschel**, Heinr., Katechismus der Naturlehre oder Erklärung der wichtigsten physikalischen und chemischen Erscheinungen des täglichen Lebens. Nach dem Englischen des Dr. C. E. Brewer. 3. Aufl. Mit Abbildungen. Leipzig 1876. 2. —.
651. **Hirzel**, H., Katechismus der Chemie. 4. Aufl. Mit Abbildungen. Leipzig 1878. 2. —.
662. **Johnston**, James F. W., Die Chemie des täglichen Lebens. Neu durchges. Aufl. 2 Bde. gr. 16. Mit Holzschn. Berlin 1869. 3. —.
653. — Chemische Bilder aus dem Alltagsleben. Nach dem Engl. 3. Ausg. Leipzig 1870. 2. 50.
654. **Koppe**, Karl, Der erste Unterricht in der Naturlehre für mittlere Schulanstalten, sowie auch zur Selbstbelehrung. 5. Aufl. Essen 1877. 1. 20.
655. **Stricker**, Wilh., Der Blitz und seine Wirkungen. Berlin 1872. (Sammlung gemeinverständl. Vorträge. H. 164.) 1. 20.
656. **Tyndall**, John, Faraday und seine Entdeckungen. Eine Gedenkschrift. Deutsche Uebersetzung hrsg. durch H. Helmholtz. Braunschweig 1870. 4. —.
657. — Der Schall. Acht Vorlesungen, hrsg. durch H. Helmholtz und G. Wiedemann. 2. Aufl. Braunschweig 1874. 6. —.
658. — Die Wärme betrachtet als eine Art der Bewegung. Hrsg. durch H. Helmholtz und C. Wiedemann nach der 5. Aufl. des Originals. 3. Aufl. Braunschweig 1875. 9. —.

659. **Tyndall**, John, Das Licht. Sechs Vorlesungen hrsg. durch G. Wiedemann. Braunschweig 1876. 6. —.
660. *****Ule**, Otto, Warum und Weil. Fragen und Antworten aus den wichtigsten Gebieten der Naturlehre. Physikalischer Theil. Mit 110 Holzsch. 4. Aufl. Berlin 1877. 2. 75.
661. *— Dasselbe. Chemischer Theil. Berlin 1878.
662. — Die Chemie der Küche oder die Lehre von der Ernährung und den Nahrungs= mitteln des Menschen und ihren chem. Veränderungen durch die Küche. 3. Aufl. Halle 1875. 2. 40.
663. *— und A. Hummel, Physikalische und chemische Unterhaltungen. Ein Volks= buch. 4. Mit Holzschn. Leipzig 1873. 6. —.

4. Geologie und Mineralogie.

664. **Braun**, Aler., Die Eiszeit der Erde. Berlin 1870. (Sammlung gemeinverständl. Vorträge H. 94.) 1. —.
665. **Buchenau**, Frz., Petroleum, seine Naturgeschichte und Gewinnung. Berlin 1872. (Ebendas. H. 157.) —. 75.
666. **Cotta**, Bernh. v., Katechismus der Geologie oder Lehre vom innern Bau der festen Erdkruste und von deren Bildungsweise. 3. Aufl. Mit Abbildungen. Leipzig 1877. 1. 50.
667. — Geologische Bilder. 6. Aufl. Mit Abbildungen. Leipzig 1876. 5. —.
668. — Die Geologie der Gegenwart, dargestellt und beleuchtet. 5. Aufl. Mit Ab= bild. Leipzig 1878. 8. —.
669. **Harting**, P., Die Macht des Kleinen sichtbar in der Bildung der Rinde unseres Erdballs oder Uebersicht der Gestaltung, der geograph. und geolog. Verbreitung der Polypen, Foraminiferen u. kieselschal. Bacillarien. Aus dem Holländ. übers. v. A. Schwartzkopf. Leipzig 1851. 3. —.
670. **Hartwig**, Geo., Die Unterwelt mit ihren Schätzen und Wundern. Eine Dar= stellung für Gebildete aller Stände. Mit Illustr. Wiesbaden 1863. 6. 40.
671. **Leonhard**, G., Katechismus der Mineralogie. 2. Aufl. Mit Abbildungen. Leipzig 1878. 1. 20.
672. **Ludwig**, Rud., Das Buch der Geologie. Naturgeschichte der Erde in allgemein verständlicher Darstellung für alle Freunde dieser Wissenschaft. 2. Aufl. 2 Bde. Mit Abbild. Leipzig 1861. 6. —.
673. **Möller**, J., Ueber das Salz in seiner kulturgeschichtlichen und naturwissen= schaftlichen Bedeutung. Berlin 1874. (Sammlung gemeinverständl. Vorträge H. 206.) —. 75.
674. **Rath**, H. vom, Ueber das Gold. Berlin 1879. (Ebendas. H. 324/25.) 1. 20.
675. **Roth**, J., Ueber die Steinkohlen. Berlin 1866. (Ebendas. H. 19.) —. 75.
676. **Runge**, Wilh., Der Bernstein in Ostpreußen. Berlin 1868. (Ebendas. H. 55 und 56.) 1. 60.
677. **Weger**, Heinr., Der Graphit und seine wichtigsten Anwendungen. Berlin 1872. (Ebendas. H. 160.) —. 60.
678. **Zaddach**, H., Die ältere Tertiärzeit. Ein Bild aus der Entwickelungsgeschichte der Erde. Berlin 1869. (Ebendas. H. 86.) —. 60.
679. **Zittel**, Karl A., Die Kreide. Berlin 1876. (Ebendas. H. 251.) —. 80.

5. Botanik.

680. **Auerswald**, B., Botanische Unterhaltungen zum Verständniß der heimatlichen Flora. Vollständiges Lehrbuch der Botanik in neuer und prakt. Darstellungsweise. 3. Aufl. Bearb. von Chr. Luerssen. Mit Holzschn. Leipzig 1877. 9. —.
681. **Engler**, A., Ueber das Pflanzenleben unter der Erde. Berlin 1880. (Samm= lung gemeinverständl. Vorträge. H. 346.) —. 60.
682. **Göppert**, H. R., Ueber die Riesen des Pflanzenreiches. Berlin 1869. (Ebendas. H. 68.) —. 60.
683. **Grohe**, Ernst, Deutschlands Kulturpflanzen. Ein Hülfsmittel für den bota= nischen Unterricht. Leipzig 1862. 1. —.
684. *****Hoffmann**, Wilh. Rud., Der Pflanzen= und Thierfreund. Ermahnungen, Er= zählungen, Schilderungen und Dichtungen zur Förderung der Schonung und sinnigen Betrachtung der Pflanzen u. Thiere. 2. Aufl. Stuttg. 1879. cart. 2. 50.

685. **Lenz,** H. Othmar, Die nützlichen und schädlichen Schwämme. 3. Aufl. Mit Abbild. Gotha 1862. 　　　　5. —.

686. **Müller,** Karl, Das Buch der Pflanzenwelt. Eine botanische Reise um die Welt. Versuch einer kosmischen Botanik. Den gebildeten Ständen und allen Freunden der Natur gewidmet. 2. Aufl. Mit Abbild. Leipzig 1869. 　　10. —.

687. *— Das Kleid der Erde oder Wanderungen durch die grüne Natur. 2. Aufl. Mit Illustr. Leipzig 1873. 　　　　2. 50.

688. ***Roßmäßler,** E. A., Der Wald. Den Freunden und Pflegern des Waldes geschildert. 3. Aufl. verb. von M. Willkomm. Mit Illustr. Leipzig 1880—81. 16. —.

689. **Schleiden,** M. J., Die Pflanze und ihr Leben. Populäre Vorträge. 6. Aufl. Mit Abbild. Leipzig 1864. 　　　　9. 75.

690. ***Wagner,** Herm., Im Grünen oder die kleinen Pflanzenfreunde. Erzählungen aus dem Pflanzenreich. 4. Aufl. Mit Abbild. Leipzig 1878. 　　2. —.

691. **Willkomm,** Moritz, Ueber Südfrüchte, deren Geschichte, Verbreitung und Kultur, besonders in Südeuropa. Berlin 1877. (Sammlung gemeinverständl. Vorträge. H. 266/267.) 　　　　1. 20.

6. Zoologie.

692. **Baldamus,** A. C. Ed., Vogel=Märchen. Dresden 1876. 　　2. 70.

693. ***Brehm,** A. E., Illustrirtes Thierleben. Wohlfeile Volksausgabe von Friedr. Schödler. Mit 1282 Abbild. nach der Natur, ausgeführt unter Leitung von R. Kretzschmar und E. Schmidt. 3 Bde. in 9 Thln. 4. Hildburghausen 1873. jed. Thl. Mk. 3. 　　　　27. —.
　　Inhalt: Thl. 1—3. (Bd. 1.) Säugethiere. Thl. 4—6. (Bd. 2.) Vögel. Thl. 7—9. (Bd. 3.) Niedere Thiere. 　　　　27. —.

694. **Brehm,** A. E., Das Leben der Vögel. Dargestellt für Haus und Familie. 2. Aufl. Mit Abbild. Glogau 1867—68. 　　　　12. —.

695. — und E. A. Roßmäßler, Die Thiere des Waldes. Mit Abbildungen nach der Natur von T. F. Zimmermann. 2 Bde. Leipzig 1863—67. 　　38. —.

696. **Busch,** F. B., Die Honigbiene. Eine Darstellung ihrer Naturgeschichte. Gotha 1855. 　　　　4. —.

697. **Claus,** C., Der Bienenstaat. Berlin 1873. (Sammlung gemeinverständl. Vorträge H. 179.) 　　　　—. 75.

698. **Dietlein,** Wold., Die Thierkunde in Charakterbildern. Berlin 1879. 　2. 40.

699. **Glaser,** Ludw., und C. E. Klotz, Leben und Eigenthümlichkeiten in der mittleren und niederen Thierwelt: im Reiche der Lurche und Fische, Insekten und übrigen wirbellosen Thiere. 2 Abthlgn. Leipzig 1868—70. 　　　　10. —.

700. ***Gloger's,** C. W. L., Schriften über Vogelschutz und den Schutz nützlicher Thiere überhaupt. Neu herausg. u. zeitgemäß bearb. von K. Ruß u. B. Dürigen. I—III. Leipzig. 　　　　3. —.
　　Inhalt: I. Kleine Ermahnungen zum Schutz nützlicher Thiere. 12. Aufl. Mit Abbild. 1878. Mk. 0,60. — II. Die nützlichsten Freunde der Land= und Forstwirthschaft unter den Thieren. 8. Aufl. Mit Abbild. 1877. Mk. 1,20. — III. Anleitung zur Hegung der Höhlenbrüter. 2. Aufl. Mit Abbild. 1880. Mk. 1,20.

701. ***Grube,** A. W., Blicke in das Seelenleben der Thiere. 2. Aufl. 16. Stuttgart 1877. 　　　　cart. —. 75.

702. ***Herrmann,** Paul, Raupen= und Schmetterlingsjäger. Enthaltend die hauptsächlich in Deutschland vorkommenden Raupen und Schmetterlinge. 2. Aufl. umgearb. v. C. Reuther. Mit Abbild. Leipzig 1878. 　　　　geb. 6. —.

703. **Heß,** W., Bilder aus dem Aquarium. 2 Bde. Mit Abbildungen. Hannover 1878. 　　　　12. —.
　　Inhalt: Bd. 1. Die wirbellosen Thiere des Meeres. — Bd. 2. Die wirbellosen Thiere des Süßwassers.

704. ***Klasing,** Otto, Naturgeschichte der deutschen Vögel. Mit besonderer Berücksichtigung ihrer Haltung und Wartung. Mit Abbild. Bielefeld 1873. geb. 3. —.

705. ***Klotz,** Karl, Im zoologischen Garten, im Thiermuseum und in der Thierbude. Ein unterhaltender Führer für Jung und Alt. Mit Illustr. Leipzig 1877. 2. 50.

706. ***Kolb,** C. F. A., Unsere Thierwelt. Erläuternde Schilderungen aus dem Thierleben der Heimat, illustrirt von Specht. 2. Aufl. Stuttgart. 　　4. —.

707. ***Kummer,** Paul, Die Mutterliebe der Thiere. Der reiferen Jugend geschildert. Leipzig 1875. 　　　　2. 50.

708. * **Lippert**, Jul., Des Landmanns Gäste in Haus und Hof, in Wiese und Feld. Mit Holzschn. 2. Aufl. Prag 1877. cart. 1. 50.
709. ***Marquart**, Bruno, Hund und Pferd. Mittheilungen aus dem Leben der Thiere für Alle, die es mit ihnen gut meinen. 3. Aufl. Dresden 1878. —. 60.
710. **Müller**, Adolf und Karl, Wohnungen, Leben und Eigenthümlichkeiten in der Thierwelt. Mit Holzschn. Leipzig 1866—68. 9. —.
711. ***Müller**, Karl, Die jungen Büffeljäger auf den Prärieen des fernen Westens von Nordamerika. Ein Naturgemälde zu Lust und Lehre für die reifere Jugend gebildeter Stände. 3. Aufl. Mit 8 Bildern. Breslau 1875. geb. 5. 25.
712. *— Die jungen Canoéros des Amazonen-Stromes. Ein Naturgemälde aus dem tropischen Südamerika. 2. Aufl. Mit 8 Kupfern. Breslau 1872. geb. 5. 25.
713. *— Die Heimkehr der jungen Canoéros. Ein Naturgemälde aus dem tropischen Südamerika. Mit 6 Bildern. Breslau 1877. geb. 5. 25.
714. ***Neukirch**, J. Chr. L., Der Thierfreund. Erzählungen aus der Thierwelt, zur bildenden Unterhaltung für die Jugend herausgegeben. Mit 28 Illustr. 2. Aufl. Leipzig 1879. geb. 2. —.
715. ***Pösche**, Herm., Thiergeschichten für die Jugend. Unsere lieben Hausfreunde in Heimath und Fremde; was sie nützen und womit sie uns erfreuen. 2 Bdchn. (1. Bdchn. in 2. Aufl.) Mit Abbild. Leipzig 1879. 5. —.
716. ***Reichenbach**, A. B., Das Buch der Thierwelt oder: Die Thiere der Fremde in ihrem Verhältniß zur Natur. Erzählungen von der Lebensweise, den Sitten und Gewohnheiten, dem Wanderleben, der Jagd und dem Fange, sowie der Zähmung der Thiere. 4. Aufl. herausg. von Karl Klotz. Mit Abbild. 2 Bdchn. Leipzig 1873. 5. —.
717. **Roßmäßler**, E. A., Das Süßwasser-Aquarium. Eine Anleitung zur Herstellung und Pflege desselben. Ueberarb. von O. Hermes. 4 Aufl. Mit Illustr. Leipzig 1880. 4. 50.
718. ***Ruß**, Karl, Meine Freunde. Lebensbilder und Schilderungen aus der Thierwelt. 2 Aufl. Mit Illustr. Berlin 1878. 3. —.
719. *— Der Kanarienvogel. Seine Naturgeschichte, Pflege und Zucht. 2. Aufl. Hannover 1876. 2. 40.
720. **Stricker**, Wilh., Geschichte der Menagerien und der zoologischen Gärten. Berlin 1879. (Sammlung gemeinverständl. Vorträge H. 336.) 1. —.
721. ***Tschudi**, Friedr. v., Das Thierleben der Alpenwelt. Naturansichten und Thierzeichnungen aus dem schweizer. Gebirge. 10. Aufl. Volksausg. Mit 26 Holzschnitttafeln. Leipzig 1875. 6. —.
722. **Vogt**, Karl, Vorlesungen über nützliche und schädliche, verkannte und verläumdete Thiere. Mit Abbild. Leipzig 1864. 3. —.

VII. Landwirthschaft, Gewerbe und Industrie, Handel und Verkehrswesen.

1. Landwirthschaft.

723. **Arndt**, Aug., Das Mikroskop im Dienste des landwirthschaftlichen und gewerblichen Lebens, sowie der Familie. Mit Abbildungen. Berlin 1873. 5. —.
724. **Babo**, L. von, Landwirthschaftliche Besprechungen, abgehalten in einem Vereine intelligenter Landwirthe. 2. Aufl. 16. Frankfurt a. M. 1872. —. 60.
725. — Gespräche über landwirthschaftliche Gegenstände auf Spaziergängen eines Lehrers mit seinen Schülern. 3. Aufl. 3 Bdchn. in 1 Bd. 16. Frankfurt a. M. 1878. 1. 80.
726. — Der Weinbau nach der Reihenfolge der vorkommenden Arbeiten, nebst Anleitung zur Bereitung und Pflege des Weines. Mit Zusätzen von A. von Babo. 4. Aufl. Frankfurt a. M. 1879. 6. —.
727. **Bertrand**, F., Ackerbau und Viehzucht für den kleinen Landwirth. 3. Aufl. Münster 1871. 2. 40.
728. **Beta**, H., Der wirthschaftliche Werth der Wassernutzung durch Fischzucht. Berlin 1873. (Sammlung gemeinverständl. Vorträge H. 174.) —. 80.

729. **Bibliothek** für Landwirthschaft und Gartenbau. 1., 3. u. 4. Bd. Stuttgart. 8. 40.
  Inhalt: Bd. 1. Lucas, Ed., Der Gemüsebau. Anleitung zur Cultur der Ge=
  müse in Garten und Feld für Landwirthe, Gärtner und Gartenfreunde. 3. Aufl.
  Mit Holzschn. 1870. Mk. 3. — Bd. 3. Lucas, Ed., und Friedr. Medicus, Die
  Lehre vom Obstbau auf einfache Gesetze zurückgeführt. Ein Leitfaden für Vorträge
  über Obstcultur und zum Selbstunterricht. Mit Holzschnitten. 6. Aufl. 1878.
  Mk. 3,80. — Bd. 4. Lucas, Ed., Der Obstbau auf dem Lande. Eine gemeinfaßlich
  belehrende Dienstanweisung für Gemeinde=Baumwärter. 4. Aufl. Mit Abbildungen.
  1868. Mk. 1,60.
730. **Bohsen**, C., u. C. Petersen, Studien über das Molkereiwesen. Danzig 1875. 4. 50.
731. **Hamm**, Wilh., Katechismus des praktischen Ackerbaues. 2. Aufl. Mit Ab=
  bildungen. Leipzig.   1. 50.
732. **Harder**, Alb., Die wichtigsten Lehren der Ackerbauchemie zur Belehrung für die
  ländliche Jugend in Schule und Haus. In Fragen und Antworten zusammen=
  gestellt. Mit Holzstichen. Braunschweig 1869.   —. 75.
733. **Jäger**, Herm., Katechismus der Nutzgärtnerei oder Grundzüge des Gemüse= und
  Obstbaues. 3. Aufl. Mit Abbildungen. Leipzig.   1. 20.
734. — Katechismus der Ziergärtnerei oder Belehrung über Anlage, Ausschmückung
  und Unterhaltung der Gärten, sowie über Blumenzucht. 4. Aufl. Mit Abbild.
  Leipzig 1877.   2. —
735. **Jubisch**, Max, Anleitung zur Zimmergärtnerei. Mit 40 Abbildungen. Kittlitz
  bei Löbau 1880.   1. 50.
736. **Kirsten**, G., Katechismus der Bienenkunde und Bienenzucht. 2. Aufl. Mit
  Abbildungen. Leipzig.   1. —.
737. **Kühn**, J., Die zweckmäßigste Ernährung des Rindviehes vom wissenschaftlichen
  und praktischen Gesichtspunkte. Gekrönte Preisschrift. 7. Aufl. Mit Holzschnitten.
  Dresden 1878.   5. 40.
738. **Langsdorff**, K. von, Die Landwirthschaft im Königreiche Sachsen und ihre Ent=
  wickelung bis Ende 1875. Im Auftrage des Landesculturraths f. d. Königr. Sachsen
  bearb. Dresden 1876.   4. —.
739. **Lippe=Weißenfeld**, Armin Graf zur, Die Grundsätze der Züchtung für den
  kleineren Landwirth kurz zusammengefaßt. 2. Aufl. Ehrenfriedersdorf 1869. 1. —.
740. — Landwirthschaftliches Lesebuch für den kleineren und angehenden Landwirth.
  Zugleich zum Unterricht in den landwirthschaftlichen Fortbildungsschulen. 2 Thle.
  Dresden 1871—75.   5. —.
741. **Perels**, Emil, Ueber die Bedeutung des Maschinenwesens für die Landwirth=
  schaft. 2. Aufl. Berlin 1872. (Sammlung gemeinverständl. Vorträge H. 28.) —. 75.
742. **Rothe**, A., Franz Nowak, der Landmann wie er sein sollte. Nach des Verf.
  Tode hrsg. von J. J. Fühling. 7. Aufl. Glogau 1872.   cart. 1. 50.
743. **Schlipf's** populäres Handbuch der Landwirthschaft. 7. Aufl. Mit Abbildungen.
  Berlin 1874.   6. —.
744. **Schmidt**, Louis, Die Buchführung des Landwirths. Leicht faßlich und praktisch
  dargestellt für Gutsbesitzer, Pächter und Verwalter, sowie zum Gebrauche in land=
  wirthschaftlichen Fortbildungsschulen. Stuttgart 1868.   1. 25.
745. **Settegast**, H., Aufgaben und Leistungen der modernen Thierzucht. Berlin 1870.
  (Sammlung gemeinverständl. Vorträge H. 106.)   —. 75.
746. **Stöckhardt**, Ernst, und Ad. Stöckhardt, Der angehende Pachter. Die wichtigsten
  Lehren aus Praxis und Wissenschaft, für den angehenden Landwirth zusammen=
  gestellt. 7. Aufl. von „Schnee, der angehende Pachter". Braunschweig 1868—69. 7. 20.
747. **Vincent**, L., Bewässerung und Entwässerung der Aecker und Wiesen. Berlin
  1876.   2. 50.
748. **Winterabende**, Des Landmanns. Hrsg. von Fritz Möhrlin. 15 Bdchn.
  Stuttgart.   16. —.
  Inhalt: 1. Bdchn. Möhrlin, Fr., Die Natur als Lehrmeisterin des Landmanns.
  1876. Mk. 1. — 2. Bdchn. Lucas, Ed., Unterhaltungen über Obstbau. 1876.
  Mk. 1. — 3. Bdchn. Möhrlin, Fr., Peter Schmied's Lehrjahre oder Freuden und
  Leiden eines Schuldenbauern. 1876. Mk. 1. — 4. Bdchn. Müller, Die Hausfrau
  auf dem Lande. Mk. 1,20. — 5. Bdchn. Möhrlin, Fr., Die Volkswirthschaft im
  Bauernhofe oder die wahren Erwerbsgrundsätze als Grundlage des bäuerlichen
  Wohlstandes. 2. Aufl. 1877. Mk. 1. — 6. Bdchn. Möhrlin, Peter Schmied, der
  Fortschrittsbauer. 1877. Mk. 1. — 7. Bdchn. Lucas, Ed., Unterhaltungen über
  Gemüsebau. 1877. Mk. 1. — 8. Bdchn. Zeeb, Heinr., Der Futterbau in der

Landwirthschaft. 1877. Mk. 1. — 9. Bdchn. Möhrlin, Fr., Joseph Bauknecht oder die Dienstbotennoth. 1877. Mk. 1. — 10. Bdchn. Pfäfflin, Friedr., Der Bienen=haushalt. 1877. Mk. 1. — 11. Bdchn. Lehnert, E., Toni, der Schweizer. Die erste Geschichte vom Viehfüttern. 1877. Mk. 1,20. — 12. Bdchn. Lehnert, E., Toni, der Verwalter. Die zweite Geschichte vom Viehfüttern. 1878. Mk. 1,20. — 13. Bdchn. Klenze, von, Die Milchwirthschaft. 1878. Mk. 1,20. — 14. Bdchn. Möhrlin, Fr., Der Bauernspiegel in Sonntagsbetrachtungen des Bauernfreundes. 1878. Mk. 1. — 15. Bdchn. Lehnert, E., Herr Hoffmann. Eine Geschichte von der Viehzucht. 1878. Mk. 1,20.

749. **Wolff,** Emil, Praktische Düngerlehre mit einer Einleitung über die allgemeinen Nährstoffe der Pflanzen. Gemeinverständlicher Leitfaden der Agricultur=Chemie. 8. Aufl. Berlin 1880. geb. 2. 50.

750. — Die rationelle Fütterung der landwirthschaftlichen Nutzthiere. 3. Aufl. Berlin 1881. geb. 2. 50.

2. Gewerbe und Industrie.

751. **Barth,** E., und W. Niederley, Des deutschen Knaben Handwerksbuch. Prak=tische Anleitung zur Selbstbeschäftigung und Anfertigung von Gegenständen auf den Gebieten der Papparbeiten, des Formens in Gyps, der Schnitzerei ꝛc. 4. Aufl. Mit Illustrationen. Bielefeld und Leipzig 1878. geb. 4. —.

752. **Bernstein,** Al., Die elektrische Beleuchtung. Mit 16 Holzschn. Berlin 1880. 2. —.

753. **Buch,** Das neue, der Erfindungen, Gewerbe und Industrien. Rundschau auf allen Gebieten der gewerblichen Arbeit. 7. Aufl. Herausg. von Jul. Zöllner. Prachtausg. 2. Abdr. Mit nahezu 3000 Abbildungen. 6 Bde. Leipzig 1876—79. jed. Bd. Mk. 7. 42. —.

    Inhalt: Bd. 1. Einführung in die Geschichte der Erfindungen. Bildungsgang und Bildungsmittel der Menschheit. 1876. — Bd. 2. Die Kräfte der Natur und ihre Benutzung. 1877. — Bd. 3. Die Gewinnung der Rohstoffe aus dem Innern der Erde, von der Erdoberfläche, sowie aus dem Wasser. 1877. — Bd. 4. Die chemische Behandlung der Rohstoffe. Eine chemische Technologie. 1877. — Bd. 5. Die Chemie des täglichen Lebens. 1878. — Bd. 6. Die mechanische Bearbeitung der Roh=stoffe. 1879.

754. **Dammer,** Otto, Der junge Techniker. Praktische Anleitung zum unterhaltenden und belehrenden Experimentiren auf dem Gebiete der Technologie. Auch als 2. Theil zum Experimentirbuch von Emsmann und Dammer. Bielefeld 1876. geb. 4. —.

755. **Elm,** Hugo, Der Laubsägearbeiter. Illustrirter Wegweiser und Rathgeber bei Erlernung und Ausübung der Laubsägearbeit und der damit verwandten Kunst=arbeiten. Leipzig 1877. 1. 50.

756. — Der kleine Papparbeiter. Anleitung zur Fertigung aller Art Papparbeit, Aufziehen von Karten und Plänen, Herstellung von Kästchen, Futteralen ꝛc. Mit vielen Abbildungen. Leipzig 1878. cart. 3. —.

757. **Fragenbuch,** gewerbliches. Herausg. von der königl. württemberg. Central=stelle für Gewerbe und Handel. 1. 2. 3. 5. Heft. Gera 1867—76. 4. 20.

    Inhalt: Heft 1. Karmarsch, K., Fragen für Eisen= und Stahlarbeiter. 1867. Mk. 1. — Heft 2. Karmarsch, K., Fragen für verschiedene Metallarbeiter. 1871. Mk. 1,20. — Heft 3. Förster, O., Fragen für Holzarbeiter. 1876. Mk. 1. — Heft 5. Karmarsch, K., Fragen aus der Mathematik, Mechanik, Physik, Chemie, ge=werbl. Schrift=, Rechnungs= und Buchführung. 1872. Mk. 1. — (Heft 4 noch nicht erschienen.)

758. **Franke,** E. A., Katechismus der Buchdruckerkunst und der verwandten Ge=schäftszweige. 4. Aufl. bearb. von Alex. Waldow. Mit Abbild. Leipzig 1879. 2. 50.

759. **Grothe,** Herm., Die amerikanische Industrie und die Ausstellung in Phila=delphia 1876. Ein Vortrag. Berlin 1877. 1. —.

760. — Katechismus der Bleicherei, Färberei und des Zeugdruckes oder Lehre von der chemischen Bearbeitung der Gespinnstfasern. Mit Abbild. Leipzig. 1. 50.

761. **Herrmann,** Fr., Katechismus der Raumberechnung oder Anleitung zur Größen=bestimmung von Flächen und Körpern jeder Art. 2. Aufl. Mit Abbild. Leipzig. 1. 20.

762. **Huber,** Ph., Katechismus der Mechanik. 2. Aufl. Mit Abbild. Leipzig 1879. 2. —.

763. **Luckenbacher,** Frz., und Fr. Kohl, Schule der Mechanik und Maschinenkunde. Für weiterstrebende Fachgenossen, insbesondere zum Selbstunterricht für angehende Techniker. 3. Aufl. von Th. Schwartze. Mit Abbild. Leipzig 1880. 4. 50.

764. **Meyer,** Rich., Die Industrie der Theerfarbstoffe. Berlin 1881. (Sammlung gemeinverständl. Vorträge H. 368.)

765. **Möller,** J., Ueber den Alkohol. Berlin 1867. (Ebendaf. H. 41.)   —. 75.

766. **Müller,** Karl, Gewerbliches Leben. Eine Sammlung von Vorträgen und Auf= sätzen über die verschiedensten Fragen des Gewerbelebens und der Industriezweige. 2 Bdchn. Halle 1865—66.   4. 80.

767. **Rammelsberg,** C. F., Ueber die Mittel, Licht und Wärme zu erzeugen. 2. Aufl. Berlin 1874. (Sammlung gemeinverständl. Vorträge H. 23.)   —. 75.

768. **Roth,** Rich., Das Buch der Arbeit. Onkel Leopolds und seiner jungen Freunde Wanderungen durch die Stätten des Gewerbfleißes. 3. Aufl. 2 Bdchn. Mit Illustrationen. Leipzig.   5. —.

769. **Schauplatz,** Neuer, der Künste und Handwerke. Mit Berücksichtigung der neueren Erfindungen. Hrsg. von einer Gesellschaft von Künstlern, technischen Schrift= stellern und Fachgenossen. Mit vielen Abbildungen. Weimar 1868 ff.

Davon:

Bd. 5. Stöckel's, H. F. A., Tischlerkunst in ihrem ganzen Umfange. 6. Aufl. von Aug. Gräf. 1873.   9. —.

Bd. 11. Schneider, J. G. und H. A., Praktisches Handbuch der Schuhmacherei. 3. Aufl. des „Schuh= und Stiefelmacher". 1873.   4. 50.

Bd. 12. Thon's, G. P. F., Fleischer= oder Metzger=Gewerbe mit allen seinen Neben= zweigen auf der Stufe jetziger Vervollkommnung. 4. Aufl. v. R. Hilgers. 1871. 3. —.

Bd. 22. Behse, W. H., Die praktischen Arbeiten und Baukonstruktionen des Maurers und Steinhauers in allen ihren Theilen. 4. Aufl. von Matthaey's „Handbuch" für Maurer". 1869.   8. 25.

Bd. 29. Hagdorn, Chrn., Der gründlich lehrende Anstreicher, Zimmermaler und Tüncher. 3. Aufl. 1872.   3. —.

Bd. 49. Behse, W. H., Die praktischen Arbeiten und Baukonstruktionen des Zimmer= manns in allen ihren Theilen. 6. Aufl. von Matthaey's „Baukonstruktionen des Zimmermanns". 1868.   7. —.

Bd. 53. Lebrun, M., Vollständiges Handbuch für Klempner und Metallwaaren= fabrikanten. Von Th. Raetz. 6. Aufl. 1873.   9. —.

Bd. 64. Ciliax, J. C., Vollständiges Handbuch des Riemers und Sattlers. 7. Aufl. von L. Reineck. 1873.   7. 50.

Bd. 88. Willens, Karl, Die Töpferei. Anfertigung des ordinären Töpfergeschirrs, der ordinären Fayence, des ordinären Steinzeugs und der irdenen Pfeifen. 4. Aufl. von „Bastenaire=Daudenart, Anfertigung aller Arten ordinärer Töpfer= waaren". 1870.   7. 50.

Bd. 89. Blüthner, Jul., und Heinr. Gretschel, Lehrbuch des Pianofortebaues in seiner Geschichte, Theorie und Technik. Für angehende Pianofortebauer und Musiker bearbeitet. 1872.   8. 50.

Bd. 109. Zerrenner's, J. F., Cur= und Hufschmied. Lehre vom Hufbeschlag und den wichtigsten äußeren Krankheiten des Pferdes, wie deren Heilung. 5. Aufl. von F. A. Zürn. 1873.   3. 75.

Bd. 153. Enhrim, A., Das Bäckergewerbe der Neuzeit. 3. Aufl. von „Schmidt's Bäckerhandwerk". 1870.   4. 50.

Bd. 168. König, Joh., Grundriß der Schlosserkunst. 5. Aufl. 1871.   4. 50.

Bd. 262. Meyer, Jürgen, Die Grundlehren der Uhrmacherkunst. 2. Aufl. 1874. 1. 50.

770. **Schellen,** H., Die Schule der Elementar=Mechanik und Maschinenlehre für den Selbstunterricht angehender Techniker, Mechaniker, Industrieller, Landwirthe u. s. w. Mit Holzstichen. 4. Aufl. 2 Thle. Braunschweig 1879.   9. —.

771. **Scherzer,** Karl v., Weltindustrien. Studien während einer Fürstenreise durch die britischen Fabrikbezirke. Stuttgart 1880.   8. —.

772. **Scholl,** C. F., Der Führer des Maschinisten. Ein Hand= und Hülfsbuch für Heizer, Dampfmaschinenwärter, Mechaniker u. s. w. 9. Aufl. Mit 370 Holzstichen. Braunschweig 1875.   9. —.

773. **Schüller,** S., Die Schule des Feuerlöschwesens. Mit Abbild. Leipzig. 3. —.

774. **Schule,** Die, der Baukunst. Handbuch für Architekten, Ingenieure und technische Schulen, sowie zum Selbstunterricht für Bautechniker, Bauhandwerker und Bau= unternehmer. Leipzig.

Davon:

Harres, B. und Ed., Die Schule des Zimmermanns. 1. Theil: Hochbauten, 6. Aufl. 2. Theil: Brücken= und Wehrbau, 3. Aufl. Mit 560 Abbild.   7. —.

Harres, B. und Ed., Die Schule des Maurers. 4. Aufl. Mit 300 Abbild. 3. 50.
— Die Schule des Steinmetzen. 2. Aufl. Mit 303 Abbildungen. 3. 50.
Fink, Fr., Der Bautischler oder Bauschreiner und Fein-Zimmermann. 2 Thle. 3. Aufl. Mit 589 Abbildungen. 7. —.
— Der Bauschlosser. 2 Thle. 3. Aufl. Mit 854 Abbildungen. 7. —.
— Der Tüncher, Stubenmaler, Stukkateur und Gipser. Mit 226 Abbild. 5. —.
775. **Schwatlo**, C., Handbuch zur Beurtheilung und Anfertigung von Bauanschlägen. Ein Hülfsbuch für Baumeister, Cameralisten, Gutsbesitzer u. s. w. 3. Aufl. Halle 1869. 4. 50.
776. **Stricker**, Wilh., Die Feuerzeuge. Berlin 1874. (Sammlung gemeinverständl. Vorträge H. 199.) —. 75.
777. **Thomas**, Louis, Das Buch denkwürdiger Erfindungen. In Schilderungen für die reifere Jugend. 2 Bdchn. 6. Aufl. von Rich. Roth. Mit Illustrationen. Leipzig. 4. —.
778. **Universum**, Das neue. Die interessantesten Erfindungen und Entdeckungen auf allen Gebieten. Ein Jahrbuch für Haus und Familie, besonders für die reifere Jugend. Mit Abbildungen. 1. Jahrgang. Stuttgart 1880. geb. 6. —.
779. **Wagner**, Herm., Wanderungen durch die Werkstätten der Neuzeit. Mit seinen jungen Freunden ausgeführt. 2. Aufl. Glogau 1879. cart. 3. —.
780. **Walther**, E. Th., Katechismus des Hufbeschlags. Zum Selbstunterricht für Jedermann. 2. Aufl. Mit Abbildungen. Leipzig. 1. 20.
781. **Wedding**, H., Das Eisenhüttenwesen. 1. Abth. Die Erzeugung des Roheisens. — 2. Abth. Die Darstellung des Stahls und Schmiedeeisens. Berlin 1870. (Sammlung gemeinverständl. Vorträge H. 93 u. 108.) 1. 50.
782. **Winkler**, Emil, Technisch-chemisches Rezept-Taschenbuch. Für Chemiker, Techniker, Droguisten, Apotheker, Destillateure, Konditoren, Färber, Bleicher, Maler und Photographen, Juweliere, Lackirer, Seifensieder sowie für Fabrikanten, Groß- und Kleinhändler. Enthaltend in über 9000 übersichtlich geordneten Rezepten, Mittheilungen und Notizen die neuesten und nützlichsten Entdeckungen aus dem Gebiete der Gewerbskunde. 1. Bd. 5. Aufl. von S. Mierzinski; 2. Bd. 3. Aufl. von Jul. Heintze; 3. Bd. 3. Aufl. von S. Mierzinski; 4. Bd. 2. Aufl., 5. Bd., 6. Bd. 2. Aufl. von Jul. Heintze. Leipzig. 18. —.
783. **Winkelmann**, J., Kautschuk und Gutta-Percha. Berlin 1875. (Sammlung gemeinverständl. Vorträge H. 235.) —. 75.
784. — J., Die Terpentin- und Fichtenharz-Industrie. Berlin 1880. (Ebendas. H. 355.) —. 75.

3. Handel und Verkehrswesen.

785. **Arenz**, K., Katechismus der Handelswissenschaft. 5. Aufl. Leipzig 1879. 1. 50.
786. **Braune**, Alb., Praktische Anleitung zur einfachen und doppelten Buchhaltung für Handelsschulen, sowie zum Selbstunterrichte für angehende Geschäftsleute. 2. Aufl. Leipzig 1876. 3. —.
787. **Endemann**, W., Die Entwicklung der Handelsgesellschaften. 2. Aufl. Berlin 1872. (Sammlung gemeinverständl. Vorträge H. 33.) 1. —.
788. **Findeisen**, C. F., Grundriß der Handelswissenschaft oder übersichtliche Darstellung der allgemeinen Handelslehre. 2. Aufl. Graz 1878. 3. —.
789. **Kühns**, Friedr. Jul., Die Bedeutung des Wechsels für den Geschäftsverkehr. 2. Aufl. Berlin 1869. (Sammlung gemeinverständl. Vorträge H. 10.) —. 75.
790. **Odermann**, Karl Gust., Praktische Anleitung zur einfachen und doppelten Buchhaltung. Für Handelsschulen, sowie für angehende Geschäftsleute. 6. Aufl. Leipzig 1874. 5. 10.
791. **Rothschild's**, L., Taschenbuch für Kaufleute, insbesondere für Zöglinge des Handels. Das Ganze der Handelswissenschaft in gedrängter Darstellung enthaltend. Hrsg. unter Mitwirkung von A. E. Amthor, P. Barnewitz u. A. 26. Aufl. 2 Thle. Leipzig 1881. 6. 50.
792. **Schick**, E., Katechismus der Waarenkunde. 4. Aufl. von G. Heppe. Leipzig. 2. 40.
793. **Buch**, Das neue, der Erfindungen, Gewerbe und Industrien rc. Ergänzungsband: Der Weltverkehr und seine Mittel. Rundschau über Güterbewegung und Verkehrswege, Schifffahrt und Welthandel. Hrsg. von J. Engelmann, Fr. Luckenbacher u. A. 3. Aufl. Mit Illustrationen. Leipzig 1880. 11. 50.
794. **Fischer**, P. D., Post und Telegraphie im Weltverkehr. Eine Skizze. Berlin 1879. 2. —.

795. **Friedrich**, Ost., Die Verkehrsmittel der Gegenwart mit besonderer Berücksichtigung Sachsens. Mit Karten. 2 Bde. Zwickau 1872—73. 1. —.

796. **Schellen**, H., Der elektromagnetische Telegraph in den Hauptstabien seiner Ent= wicklung und in seiner gegenwärtigen Ausbildung und Anwendung. 5. Aufl. Mit Holzschn. Braunschweig 1870—71. 14. —.

797. **Stephan**, Weltpost und Luftschifffahrt. Ein Vortrag. Berlin 1874. 1. 60.

798. **Weber**, M. M. v., Die Schule des Eisenbahnwesens. Kurzer Abriß der Geschichte, Technik, Administration und Statistik der Eisenbahnen. Mit Abbildungen. 3. Aufl. bearb. von Ed. Schmitt. Leipzig. 6. —.

799. **Berndt**, R. v., und Heinr. Smidt, Deutsches Flottenbuch oder: Das neue illustrirte Seemannsbuch. Fahrten und Abenteuer zur See in Krieg und Frieden. 4. Aufl. Leipzig. 5. —.

800. **Pabel**, Georg, Die deutsche Kriegsmarine. Mit 3 Schiffstypen der deutschen Kriegsmarine. Leipzig 1881. 1. 50.

801. **Werner**, Reinh., Das Buch von der deutschen Flotte. Mit Illustrationen. Biele= feld 1874. 6. —.

802. — Die Gefahren der See und die Rettung Schiffbrüchiger. Heidelberg 1880. (Sammlung von Vorträgen, hrsg. v. W. Frommel und Fr. Pfaff. 3. Bd. 1. Heft.) —. 80.

VIII. Rechts- und Staatskunde, Volkswirthschaftslehre, Gesundheitslehre.

1. Rechts= und Staatskunde.

803. **Bischof**, A., Katechismus des Völkerrechts. Mit Rücksicht auf die Zeit= und Streitfragen des internationalen Rechts. Leipzig 1877. 1. 20.

804. — Katechismus der Finanzwissenschaft oder die Kenntniß der Grundbegriffe und Hauptlehren der Verwaltung der Staatseinkünfte. 2. Aufl. Leipzig 1876. 1. —.

805. **Bluntschli**, J. C., Deutsche Staatslehre und die heutige Staatenwelt. Ein Grundriß mit vorzüglicher Rücksicht auf die Verfassung von Deutschland und Oester= reich=Ungarn. 2. Aufl. der „Deutschen Staatslehre für Gebildete." Nördlingen 1880. 7. —.

806. — Die nationale Staatenbildung und der moderne deutsche Staat. Berlin 1870. (Sammlung gemeinverständl. Vorträge H. 105.) —. 75.

807. — Die Bedeutung und die Fortschritte des modernen Völkerrechts. 2. Aufl. Berlin 1874. (Ebendas. H. 2.) 1. —.

808. **Fischer**, Rob., Katechismus des deutschen Handelsrechts, nach dem allgemeinen deutschen Handelsgesetzbuche. Leipzig. 1. 25.

809. **Friedberg**, Emil, Die Geschichte der Civilehe. 2. Aufl. Berlin 1877. (Samm= lung gemeinverständl. Vorträge H. 116.) —. 75.

810. **Gesetzbuch**, Das bürgerliche, für das Königreich Sachsen, nebst den damit in Verbindung stehenden Reichs= und Landesgesetzen. Mit einem von Ed. Siebenhaar gefertigten alphabet. Wort= und Sachregister. 4. Aufl. Leipzig 1879. 4. —.

811. **Gesetzeskunde**, Populäre, in Fragen und Antworten. Zum besonderen Ge= brauch in Fortbildungsschulen, zur Vorbereitung und Wiederholung für Studirende, sowie für jeden deutschen Staatsbürger. Würzburg 1879—80. 3. —.
   Inhalt:
   Bdchn. 1. Das Reichsstrafgesetz v. J. 1876. —. 60.
   Bdchn. 2. Strafproceßordnung des deutschen Reichs v. J. 1877. —. 90.
   Bdchn. 3. Civilproceßordnung. 1. 50.

812. **Haupt**, Karl, Staat und Kirche vor 800 Jahren. Berlin 1878. (Sammlung gemeinverständl. Vorträge H. 292.) —. 75.

813. **John**, Rich. Ed., Ueber die Todesstrafe. 2. Aufl. Berlin 1871. (Ebendas. H. 36.) 1. —.

814. **Landgemeindeordnung**, Die revidirte, für das Königreich Sachsen vom 24. April 1873. gr. 16. Dresden 1874. —. 30.

815. **Mittermaier**, K. J., Das Volksgericht in Gestalt der Schwur= und Schöffen=
gerichte. 2. Aufl. Berlin 1874. (Sammlung gemeinverständl. Vorträge H. 18.) —. 75.
816. **Rechtsbuch**, Das deutsche. Ein Handbuch für den Staatsbürger über seine in
den neuen Reichsgesetzen enthaltenen Rechte und Pflichten. 9. Aufl. Berlin 1880.
(Enthält sämmtliche deutschen Reichsgesetze bis zum Jahre 1880.) geb. 6. 50.
817. **Verfassungsgesetze**, Die, des Königreichs Sachsen. Für den Handgebrauch zu=
sammengestellt von O. F. Walter. Leipzig 1875. 2. —.
818. **Zeller**, Wilh., Katechismus des deutschen Reiches. Eine Unterrichtsbuch in den
Grundsätzen des deutschen Staatsrechts, der Verfassung und Gesetzgebung des
deutschen Reichs. Leipzig 1878. 2. —.

2. Volkswirthschaftslehre.

819. **Bilder** aus dem Arbeiterleben oder wie gelangt ein Volk zu wahrer Bildung?
Beantwortet durch Zuschriften von 23 engl. Arbeitern an einen schweizer. Handwerks=
sohn. Mit einem Vorwort von S. E. Kapff. Basel 1852. —. 50.
820. **Block**, Maurice, Kleines Handbuch der Nationalökonomie oder Volkswirthschafts=
lehre. Aus dem Französ. übers. von A. v. Kaven. 2. Aufl. Aachen 1879. 1. —.
821. **Boyes**, Jos. M., Hilf dir selbst! Ein Wegweiser durchs Leben. Nach dem Engl.
des Samuel Smiles. 4. Aufl. Hamburg 1875. 4. 50.
822. **Bücher**, Karl, Die gewerbliche Bildungsfrage und der industrielle Rückgang.
Eisenach 1877.
823. **Dannenberg**, J. F. H., Das deutsche Handwerk und die sociale Frage.
Leipzig 1872. 2. 40.
824. **Emminghaus**, A., Hauswirthschaftliche Zeitfragen. Berlin 1869. (Sammlung
gemeinverständlicher Vorträge H. 84.) —. 75.
825. **Engel**, Der Preis der Arbeit. (1. Wesen und Preis der Arbeit. 2. Die
Selbstkosten der Arbeit.) 2. Aufl. Berlin 1872. (Ebendas. H. 20 u. 21.) 1. 60.
826. **Fortbildungswesen**, Das gewerbliche. Sieben Gutachten u. Berichte. Leipzig
1878. (Schriften des Vereins für Socialpolitik H. 15.) 3. 60.
827. **Fragen** und Antworten, Sociale. 1.—12. Heft. Bremen 1878—80. jed. Heft
Mk. 0,30. 3. 60.
     Inhalt: Heft 1. Klassenkampf. — Heft 2. Das socialdemokratische Zukunfts=
reich. — Heft 3. Umsturz oder Fortschritt. — Heft 4. Eigenthum und Erbrecht. —
Heft 5. Feierabend und Ruhetag. — Heft 6. Das allgemeine Stimmrecht. — Heft 7.
Sparsamkeit. — Heft 8. Die Pariser Commune. — Heft 9. Arbeit und Lohn. —
Heft 10. Die englischen Gewerkvereine. — Heft 11. Die deutschen Genossenschaften. —
Heft 12. Von billiger Nahrung und Arznei.
828. **Gotthold**, E., Das Geld, seine Erwerbung, Anlage, Vermehrung. Ein Versuch
zur Anleitung für Unerfahrene. Straßburg 1875. 1. —.
829. **Helfreich**, G., Der arme Richard, oder: Die Kunst reich zu werden. Nach der
französischen Ausgabe der Werke Benj. Franklins, mit vorausgeschickter kurzer Bio=
graphie desselben. Ein Beitrag zur Lebensweisheitslehre für alle Stände, besonders
aber für die unteren Klassen der menschlichen Gesellschaft. Erlangen 1852. —. 30.
830. **Holtzendorff**, Fr. von, Die Verbesserungen in der gesellschaftlichen und wirth=
schaftlichen Stellung der Frauen. 2. Aufl. Berlin 1877. (Sammlung gemein=
verständlicher Vorträge H. 40.) 1. —.
831. **Huber**, B. A., Staatshilfe, Selbsthilfe und Sparen. Ein offenes Sendschreiben
an die deutschen Arbeiter. Wien 1868. (Flugblätter Heft 4.) —. 40.
832. **Kapp**, Frdr., Ueber Auswanderung. Berlin 1871. (Sammlung gemeinverständ=
licher Vorträge H. 125.) —. 75.
833. **Landgraf**, Jos., Das neue deutsche Arbeitsrecht. Eine gemeinfaßliche Dar=
stellung des Reichsgesetzes betr. die Abänderung der Gewerbeordnung vom 17. Juli 1878.
gr. 16. Stuttgart 1879. 1. —.
834. **Lemcke**, Osk., Katechismus des Versicherungswesens. Leipzig 1874. 1. 50.
835. **Lette**, Die Wohnungsfrage. 2. Aufl. Berlin 1871. (Sammlung gemein=
verständlicher Vorträge H. 4.) —. 60.
836. **Lexis**, W., Gewerkvereine und Unternehmerverbände in Frankreich. Ein Beitrag
zur Kenntniß der socialen Bewegung. Leipzig 1879. (Schriften des Vereins für
Socialpolitik H. 17.) 6. —.

837. **List,** Friedr., Die Lehren der handelspolitischen Geschichte der civilisirten Staaten
Europas und der Vereinigten Freistaaten Nordamerikas. Auszug aus dem nationalen
System der politischen Oekonomie. 2. Aufl. Stuttgart 1877.	1. 50.
838. **Mayer,** F., Volkswirthschaft für Jedermann. Nach dem preisgekrönten französ.
Werke: „Populäres Handbuch der Moral und Volkswirthschaft" von J. J. Rapet
frei bearbeitet. 5. Aufl. Berlin 1873.	1. 50.
839. **Peter,** Clem., Die Arbeiterfamilie im Lichte des Christenthums. Ein Beitrag
zur Arbeiterfrage. Zwickau 1870.	—. 45.
840. **Riehl,** W. H., Die Naturgeschichte des Volkes als Grundlage einer deutschen
Social-Politik. 4 Bände. Stuttgart 1867—73.	19. 50.
Inhalt: Bd. 1. Land und Leute. 6. Aufl. 1867. — Bd. 2. Die bürgerliche
Gesellschaft. 6. Aufl. 1867. — Bd. 3. Die Familie. 7. Aufl. 1873. — Bd. 4.
Wanderbuch. 2. Abdr. 1870.
841. — Die deutsche Arbeit. 2. Abdr. Stuttgart 1862.	4. 80.
842. **Roscher,** Wilh., Kolonien, Kolonialpolitik und Auswanderung. 2. Aufl. Leipzig
und Heidelberg 1856.	6. —.
843. — Ansichten der Volkswirthschaft aus dem geschichtlichen Standpunkte. 3. Aufl.
2 Bde. Leipzig 1878.	13. —.
844. **Schmoller,** Gust., Zur Geschichte der deutschen Kleingewerbe im 19. Jahrhundert.
Statistische und nationalökonom. Untersuchungen. Halle 1870.	6. —.
845. **Schulze-Delitzsch,** H., Sociale Rechte und Pflichten. 2. Aufl. Berlin 1871.
(Sammlung gemeinverständlicher Vorträge H. 8.)	—. 75.
846. **Smiles,** Sam., Die Sparsamkeit, übers. v. M. Busch. Leipzig 1876.	6. —.
847. **Smith,** Adam, Natur und Ursachen des Volkswohlstandes. Neu übers. von
W. Loewenthal. 2 Bde. 2. Aufl. Berlin 1882.	10. —.

3. Gesundheitslehre.

848. **Baer,** A., Die Trunksucht in ihrer Bedeutung für die Gesundheit und die Gesundheitspflege. Berlin 1881. (Sammlung gemeinverständl. Vorträge H. 369.)
849. **Billroth,** Th., Die Krankenpflege im Hause und im Hospitale. Ein Handbuch
für Familien und Krankenpflegerinnen. Wien 1881.	7. —.
850. **Bock,** Karl Ernst, Bau, Leben und Pflege des menschlichen Körpers in Wort
und Bild. Nach vorheriger Begutachtung durch Schulmänner für Schüler hrsg.
14. Aufl. Mit Holzschnitten. Leipzig 1880.	—. 60.
851. — Ueber die Pflege der körperlichen und geistigen Gesundheit des Schulkindes.
Eine Mahnung an Eltern, Lehrer und Schulbehörden. Leipzig 1871.	—. 30.
852. **Bohn,** Heinr., Bedeutung und Werth der Schutzpockenimpfung. 2. Aufl.
Berlin 1872. (Sammlung gemeinverständl. Vorträge H. 34.)	—. 75.
853. **Fick,** A., Ueber das Wesen der Muskelarbeit. Berlin 1877. (Ebendaselbst
H. 273.)	—. 75.
854. **Graefe,** A. von, Sehen und Sehorgan. Berlin 1867. (Ebendas. H. 27.) 1. —.
855. **Hamm,** Wilh., Ordnung und Schönheit am häuslichen Herd. Haushaltungs-
kunst und Gesundheitspflege auf wissenschaftlichen Unterlagen. Den deutschen Frauen
gewidmet. Als 3. Aufl. der Chem. Bilder aus dem tägl. Leben. 2. Ausg. Jena
1872.	geb. 2. 80.
856. **Heymann,** F. W., Das Auge und seine Pflege im gesunden und kranken Zu-
stande. Nebst einer Anweisung über Brillen. 2. Aufl. bearb. von Paul Schröter.
Mit Abbild. Leipzig 1879.	2. —.
857. **Hufeland,** Chr. Wilh., Makrobiotik oder die Kunst, das menschliche Leben zu
verlängern. Auf's Neue durchgesehen von M. Steinthal. 6. Ster.-Aufl. Berlin
1879.	2. 50.
858. **Pettenkofer,** Max von, Populäre Vorträge. 1. Heft: Beziehungen der Luft zu
Kleidung, Wohnung und Boden. Drei populäre Vorlesungen, gehalten im Albert-
Verein zu Dresden 1872. Mit Holzstichen. 4. Abdr. Braunschweig 1877. 2. 40.
859. **Reclam,** Karl, Gesundheitsschlüssel für Haus, Schule und Arbeit. Leipzig
(Reclam's Univ.-Bibl. Bd. 1001).	—. 20.
860. — Lebensregeln. Ernstes und Heiteres aus der Gesundheitspflege. Berlin
1878.	6. —.
861. **Rüdinger,** Ueber die willkürlichen Verunstaltungen des menschlichen Körpers.
Berlin 1874. (Sammlung gemeinverständl. Vorträge H. 215.)	1. 40.

862. **Sonderegger**, Vorposten der Gesundheitspflege im Kampfe um's Dasein der Einzelnen und ganzer Völker. 2. Aufl. Berlin 1874. 6. —.
863. **Birchow**, Rud., Ueber Nahrungs= und Genußmittel. Berlin 1872. 2. Aufl. (Sammlung gemeinverständl. Vorträge H. 48.) —. 80.
864. **Wernich**, A., Ueber gute und schlechte Luft. Berlin 1880. (Ebendas. H. 344.) —. 80.

IX. Sammelwerke, Zeitschriften und Kalender.

865. **Blätter**, Fliegende. gr. 4. München (seit 1845). jed. Jahrg. 13. 40.
866. **Bote**, Des Lahrer hinkenden, neuer histor. Kalender f. d. Bürger u. Landmann. 4. Mit eingedruckt. Holzschnitten. Lahr. Ausg. f. Norddeutschland. jed. Jahrg. —. 50.
867. **Cornelia.** Zeitschrift für häusliche Erziehung. Unter Mitwirkung bewährter u. erfahrener Pädagogen und Aerzte hrsg. von Karl Pilz. Leipzig (seit 1864), jährlich 2 Bde. jed. Bd. 2. 25.
868. **Daheim.** Ein deutsches Familienblatt mit Illustrationen. Hrsg. von R. König und Th. Pantenius. gr. 4. Leipzig (seit 1864). jed. Jahrg. 8. —.
869. **Daheim=Kalender** für das deutsche Reich. Hrsg. von der Redaktion des Daheim. Bielefeld. jed. Jahrg. 1. 50.
870. **Gartenlaube**, Die. Illustrirtes Familienblatt. gr. 4. Leipzig (seit 1852). jed. Jahrg. 6. 40.
871. **Kamerad**, Der gute. Illustr. Monatsschrift f. d. deutschen Soldaten. Metz 1881.
872. **Meyers** Hand=Lexikon des allgemeinen Wissens in einem Bande. Mit vielen Karten der Astronomie, Geographie, Geognosie ic. Hildburghausen 1871—72. 10. 50.
873. **Rundschau**, Deutsche. Hrsg. v. Jul. Rodenberg. Berlin (f. 1874). jed. Jahrg. 24. —.
874. **Spinnstube**, Die, ein Volksbuch, begründet von O. W. v. Horn. Im Verein mit namhaften Volksschriftstellern fortgeführt von H. Oertel. Mit Illustrationen. Frankfurt a. M. (seit 1845). jed. Jahrg. 1. 25.
875. **Ueber Land und Meer.** Allgemeine illustr. Zeitung. Fol. Stuttgart (seit 1857). jed. Jahrg. 12. —.
876. **Volkskalender**, Leipziger. Hrsg. vom Zweigverein der Gesellschaft für Ver= breitung von Volksbildung. 4. Leipzig. —. 50.
877. — Niedersächsischer. 4. Bremen. —. 50.
878. — Hrsg. von Karl Steffens. Mit Illustr. Berlin. 1. 20.
879. **Westermanns** illustr. deutsche Monatshefte für das gesammte geistige Leben der Gegenwart. Hrsg. v. Friedr. Spielhagen. Braunschweig (seit 1855). Jahrg. 16. —.
880. **Zeitung**, Illustrirte. Fol. Leipzig (seit 1842). jed. Jahrg. 24. —.

X. Jugendschriften.

(Die mit * bezeichneten Schriften sind besonders für die reifere Jugend, die mit † bezeichneten für die weibliche Jugend und die mit *† bezeichneten für die reifere weibliche Jugend geeignet.)

881. ***Aesops** und anderer weiser Meister Fabelschatz. Gesammelt und erzählt von K. Wild. Mit Titelbild. 16. Stuttgart. —. 75.
882. **Andersens** ausgewählte Märchen von Jonas. Mit Illustrat. Berlin. 2. —.
883. — Ausgewählte Märchen, deutsch von Jul. Reuscher. Mit Illustr. 13. Aufl. Leipzig 1880. 1. 60.
884. *†**Aurelie** [Gräfin Soph. Baudissin], Aus Nord und Süd. Briefe junger heranwachsender Mädchen. Herausgegeben für ihre Altersgenossinnen. Berlin. 2. 50.
885. **Baron**, Richard, Julius und Maria oder Der kindlichen Liebe Macht und Herr= lichkeit. — Der deutsche Knabe in Amerika. Hold Else's Wunderaugen. — Ge= schichte eines jungen Malers. — Fiorita, das Räubermädchen. — König und Kronprinz. — Das Christfest in der Familie Frommhold. — Freundschaft und Rache. — Das Testament. — Zwei feindliche Brüder. — Die Ueberschwemmung. — Kalifornien in der Heimath. — Der Schulmeister in Tannenrode. — Aus dem Leben zweier Schüler. — Trudchen, das Waisenkind. — Was der Mensch säet, das wird er ernten. — Ein Landwehrmann, Gottes That. — Ge= schwister Leid und Freud. — Deutscher Muth in jungem Blut. — Ein verstoßnes Kind. — Zum 4. Gebot. (Trewendt's Jugendbibliothek Bd. 8—10. 15. 16. 18. 19. 21. 22. 26. 29. 33—36. 40. 47. 48. 53—55.) Breslau. jed. Bd. Mk. 0,75. 15. 75.

886. **Barth,** Christian Gottlob, Das Felsenkind. 2. Aufl. 16. Stuttgart 1867. —. 50.
887. — Die Reiherfeder. 3. Aufl. gr. 16. Stuttgart 1871. —. 40.
888. *— Der arme Heinrich oder die Pilgerhütte am Weißenstein. 7. Aufl. 16. Stuttgart 1879. cart. —. 50.
889. **Bonn,** Franz, Der Weberhannes. Durchgebrannt. Zwei Erzählungen. Mit Abbild. Stuttgart 1880. (Universalbibl. f. d. Jugend Bd. 44.) —. 20.
890. **Bossert,** G. F., Goldne Aepfel in silberner Schale. Eine Sammlung interessanter u. lehrreicher Erzählungen f. Jung u. Alt. 4. Aufl. Eßlingen 1870. cart. 1. 50.
891. — 500 Räthsel und Charaden für Kinder von 8–10 Jahren. Zum Gebrauche in Schule u. Haus. 4. Aufl. Stuttgart 1873. geb. 1. 50.
892. **Böttcher,** Paul, Markus Stemmler. Eine Erzählung für die Jugend. 2. Aufl. Dresden 1881. 1. —.
893. **Braun,** Isabella, Aus dem Kinderleben und der Sommerzeit. 2. Aufl. 16. Stuttgart 1859. 1. 50.
894. — Die Stiefmutter. Stuttgart und Leipzig. 2. 70.
895. — Scherz und Ernst. Erzählungen f. d. Jugend. 2. Aufl. gr. 16. Stuttgart 1871. geb. 2. —.
896. — Heinrich Findelkind. Eine Erzählung. 2. Aufl. gr. 16. Stuttgart 1871. 2. 25.
897. — Allerlei. Ein Buch für die Jugend. 3. Abdr. Schaffhausen 1871. geb. 3. —.
898. — Das Geheimnis des Schreibtisches. Eine Erzählung. Mit Abbild. 12. Stuttgart 1880. (Universalbibl. f. d. Jugend, Bd. 46—48.) —. 60.
899. — Aus Dorf und Stadt. Drei Erzählungen f. d. Jugend. gr. 16. Eßlingen 1879. geb. 2. —.
900. — Reich und arm. Vier Erzählungen f. d. Jugend. Mit color. Lithographien. gr. 16. Eßlingen 1880. geb. 2. —.
901. — Mancherlei. Vier Erzählungen f. d. Jugend. Mit 2 color. Lithographien. gr. 16. Eßlingen 1880. geb. 2. —.
902. **Brunold,** Fr., Willy der Dampfermaschinist. Eine Erzählung f. d. Jugend. Mit 4 Farbendruckbildern. Leipzig 1880.
903. ***Caspari,** K. H., Der Schulmeister und sein Sohn. Eine Erzählung aus dem 30jährigen Kriege. 8. Aufl. gr. 16. Stuttgart 1875. cart. 1. —.
904. ***Claudius,** Martin [M. Petzel], Kleine Erzählungen. 2 Bdchn. Mit 6 Bildern. Glogau 1867—70. geb. 5. —.
905. *†— Das Kind der Sorgen. Treue im Kleinen. Zwei Erzählungen. Mit 3 Bildern. Glogau 1876. cart. 1. 50.
906. — Rheinsagen. Der reiferen Jugend erzählt. Mit vielen Illustr. Leipzig 1879. (Neue illustr. Jugendbibl. Bd. 14.) 2. —.
907. — Häusliche Sorgen, häusliches Glück. Eine Erzählung. 2. Aufl. Mit 3 Illustr. Glogau 1879. cart. 1. 50.
908. *— Hedwig Birk und der Bettler. Zwei Erzählungen. 2. Aufl. Mit 3 Illustr. Glogau 1879. cart. 1. 50.
909. — Die schönsten Märchen aus 1001 Nacht. Für die Jugend bearb. Mit color. Bildern. 17. Aufl. Dresden 1880. geb. 3. —.
910. ***Conscience,** Hendrik, Flämisches Stillleben in drei kleinen Erzählungen. Aus dem Flämischen von Melchior von Diepenbrock. Mit Holzschn. Regensburg. 2. —.
911. **Cooper,** Lederstrumpf-Geschichten. Neu bearbeitet von Osk. Höcker. 2 Bde. Mit 5 Abbild. Stuttgart 1880. (Universalbibl. f. d. Jugend Bd. 31—38.) 1. 60.
    Inhalt: Bd. 1. Der Wildtöter. Der letzte Mohikan. Bd. 2. Der Pfadfinder. Lederstrumpf. Der Wildsteller.
912. *†**Cron,** Clara, Erzählungen für die reifere weibliche Jugend. 4 Bde. Stuttgart. Jed. Bd. Mk. 3. 12. —.
    Inhalt: Bd. 1. Mädchenleben. Bd. 2. Magdalenens Briefe. Bd. 3. Die Schwestern. Bd. 4. Zwei Töchter.
913. **Cüppers,** A. Jos., Hermann — Arminius — der Cherusker, der Sieger im Teutoburger Walde. Heldengeschichte aus alter Zeit. Leipzig 1879. 1. —.
914. L[ouise] D[evrient], Der kleine Hausirer oder Ehrlich währt am längsten. Leipzig 1874. 3. —.
915. †— Die kleinen Pächter oder Treue Arbeit findet immer ihren Lohn. Leipzig 1874. 3. 50.
916. †— Die Fischerstochter oder Bleibe im Lande und nähre dich redlich. Leipzig 1874. 3. —.
    (Neue illustr. Jugendbibliothek Bd. 2—4.)

917. †**Devrient,** Louise, Die Geschwister von San Domingo. Frei nach Julie Gouraud. Für Mädchen von 12—15 Jahren. Leipzig 1875. (Ebendas. Bd. 7) 2. 25.

918. **Diehl,** Peter, Scherz und Ernst. Alte und neue Erzählungen aus dem Morgen= und Abendlande. Für die Jugend ausgewählt. Mit 8 farb. Bildern. Wiesbaden 1877. cart. 3. 50.

919. **Dungern,** Julie, Märchen und Sagen, der Jugend erzählt. 12. Stuttgart 1880. (Universalbibl. f. d. Jugend Bd. 50. 51.) —. 40.

920. **Ebeling,** Elisabeth, Das Geläute. Eine Erzählung für die reifere Jugend. Mit Bildern. Glogau 1867. cart. 3. —.

921. — Steter Tropfen höhlt den Stein. Eine Erzählung für die Jugend von 10 bis 14 Jahren. 16. Glogau 1869. cart. 1. —.

922. ***Echtermeyer,** Theod., Auswahl deutscher Gedichte für höhere Schulen. 26. Aufl. hrsg. von H. Masius. Halle 1880. 3. —.

923. †**Elschen** in der Kinderstube, in Schule und Haus. Ein Buch für Lesekränzchen. Mit 8 Bildern. 2. Aufl. Stuttgart. 3. —.

924. †**Ermann,** M., Nur ein Mädchen. Eine Erzählung f. d. reifere weibliche Jugend. Stuttgart 1878. geb. 3. —.

925. *†— Wo liegt das Glück? Eine Erzählung für erwachsene Mädchen. 12. Stuttgart 1879. geb. 3. —.

926. *†**Eschen,** Mathilde von, Pension und Leben. Eine Erzählung für junge Mädchen. Frankfurt a. M. 1880. 4. —.

927. **Fogowitz,** A. H., Onkel Tom's Hütte oder Schwarz und Weiß. Nach dem engl. Original der Beecher=Stowe für die deutsche Jugend bearbeitet. Mit 2 Ab= bildungen. 12. Stuttgart 1881. (Univ.=Bibl. f. d. Jugend Bd. 71.) —. 20.

928. ***Förster,** Marie, Die Geschwister. Erzählung für die reifere Jugend. Mit 3 Bildern von Jul. Scholz. 2. Aufl. Glogau 1879. cart. 1. 50.

929. ***Frommel,** Emil, In zwei Jahrhunderten. Freud und Leid im Leben einer alten Pfarrerin. gr. 16. Stuttgart 1871. cart. —. 75.

930. *— „O Straßburg, du wunderschöne Stadt". Aus der Belagerung von Straß= burg. gr. 16. 3. Aufl. Stuttgart 1876. cart. —. 75.

931. *— Aus der Familienchronik eines geistlichen Herrn. Erzählungen. gr. 16. 3. Aufl. Stuttgart 1878. cart. —. 75.

932. *— Aus dem untersten Stockwerke. Ein Supplement zur „Familienchronik". gr. 16. 2. Aufl. 1878. cart. —. 75.

933. **Gellert,** Chr. F., Ausgewählte Fabeln und Erzählungen. Mit 5 Abbild. 12. Stuttgart 1880. (Univ.=Bibl. f. d. Jugend Bd. 30.) —. 20.

934. **Gerstäcker,** Friedrich, Wie der Christbaum entstand. Ein Märchen. Mit 6 Bildern. Jena. 3. —.

935. — Der kleine Walfischfänger. Erzählung für die Jugend. Mit 6 Farbendruck= bildern. 3. Aufl. Jena 1877. cart. 5. —.

936. — Gesammelte Jugendschriften. Bearb. von Ferd. Schmidt. Bd. 1—2. Mit Bildern. Jena 1880. 11. —.
Inhalt: Bd. 1. Georg, der kleine Goldgräber in Californien. 3. Aufl. Mk. 5. — Bd. 2. Die Pampas=Indianer. Reiseabenteuer in den Steppen Südamerikas. 2. Aufl. Mk. 3.

937. **Gräbner,** G. A., Robinson Crusoe. Für die Jugend bearbeitet. 13. Aufl. Leipzig 1881. 1. —.

938. **Grimm,** Jakob u. Wilhelm, Kinder= u. Hausmärchen. Kl. Ausg. Mit 8 Bildern und Zeichnungen von P. Meyerheim. 27. Aufl. 16. Berlin 1880. cart. 1. 50.

939. †**Gsell-Fels,** Luise, Blumengeschichten für denkende Mädchen. St. Gallen.

940. *†**Gumpert,** Thekla von, Töchteralbum. Unterhaltungen im häuslichen Kreise zur Bildung des Verstandes und Gemüths der heranwachsenden weiblichen Jugend. 1.—27. Jahrgang. Glogau. jed. Jahrg. 6. —.

941. — Familienbuch. 10 Bde. Breslau und Leipzig. jed. Bd. 1. 25.
Davon: Bd. 1. Der Bettelknabe oder Bete und arbeite. — Bd. 3. Der kleine Schuhmacher oder Wo Treue Wurzel schlägt, da läßt der liebe Gott einen Baum daraus wachsen. — Bd. 8. Das stumme Kind oder Gott ist allmächtig. — Bd. 9. Der Mann im Korbe oder Kann man auch Trauben lesen von den Dornen?

942. **Haltaus,** Ernst, Der junge Baron. Stuttg. 1870. (Erzählungen Bd. 2.) —. 90.

943. *— Der Kameeltreiber. — Das räthselhaft Gespenst. — Das überraschende Ge= burtstagsgeschenk. Stuttgart 1870. (Erzählungen Bd. 3.) 1. 20.

944. **Haltaus**, Ernst, Sinnige Erzählungen für Kinder von 8—12 Jahren. 3. Aufl. 16. Leipzig 1879. cart. 2. 75.

945. **Hauff**, Wilh., Märchen. 12. Stuttgart 1880. (Universalbibl. für die Jugend Bd. 9—12.) —. 80.

946. ***Hausschatz** der Jugend. Ein Buch für die reifere Jugend und zum Vorlesen im häuslichen Kreise. Mit 12 color. Bildern. 3. Aufl. Stuttg. 1874. geb. 4. 20.

947. **Hebel**, J. P., Ausgewählte Erzählungen des rheinischen Hausfreundes. Herausgeg. von Karl Stöber. 5. Aufl. gr. 16. Straßburg 1874. 1. —.

948. †**Helm**, Klementine, Vater Carlets Pflegekind. Nach J. Colombs Werk: La fille de Cariès für die deutsche Jugend bearbeitet. Mit vielen Illustrationen. 2. Aufl. Leipzig 1878. 5. —.

949. *— Siebenmeilenstiefel. Erzählungen für die reifere Jugend. Leipzig 1878. (Neue illustr. Jugendbibl. Bd. 13.) 2. 50.

950. ***Hiltl**, Georg, Der alte Derfflinger und sein Dragoner. Historische Erzählung. Mit Bildern. 2. Aufl. Leipzig 1877. 6. —.

951. **Höcker**, Oskar, Soldatenleben im Kriege. Eine Erzählung aus Deutschlands jüngster Vergangenheit. 4 Bilder in Farbendruck. Stuttgart 1871. cart. 3. —.

952. — Armuth schändet nicht und Reichthum macht nicht glücklich. Eine Dorfgeschichte für Jung und Alt. Mit 4 Stahlst. gr. 16. Stuttg. 1879. cart. —. 75.

953. *— Die Sünde ist geschrieben mit eisernen Griffeln! Mit 4 Stahlst. gr. 16. Stuttgart 1879. cart. —. 75.

954. — Hoffart und Demut. Erzählung aus der Zeit Maria Theresias. 12. Stuttg. 1880. —. 20.

955. — Der Tyrann der Goldküste oder der Krämer von Cape Coast. Erzählungen aus dem Leben der Negerstämme des westl. Afrika. Mit 6 Abbild. 12. Stuttgart 1880. —. 80.

956. — Elternlos. Erzählung. 12. Stuttgart 1880. —. 20.
(Universalbibl. f. d. Jugend. Bd. 20. 40—43. 58.)

957. *— Das Ahnenschloß. Kulturgeschichtl. Erzählungen für die reifere Jugend in 4 Bdn. Mit vielen Illustrationen von C. Römer. Leipzig 1879—81. Jeder Band Mk. 3,50. 14. —.
Inhalt: Bd. 1. Das Erbe des Pfeiferkönigs. Erzählung aus dem Zeitalter der Reformation. — Bd. 2. In heimlichem Bunde. Erzählung aus dem Jahrhundert des großen Kriegs. — Bd. 3. Zwei Riesen der Garde. — Bd. 4. Deutsche Treue, welsche Tücke. Erzählungen aus der Zeit der großen Revolution, der Knechtschaft und der Befreiung.

958. **Hoffmann**, Franz, Jugendbibliothek. Mit je 4 Stahlstichen. Stuttgart. Jedes Bdchn. Mk. 0,75.
Hervorzuheben sind: Bd. 4. Mylord Cat. — Bd. 7. Arm und reich. — Bd. 9. Der böse Geist. — Bd. 10. Die Geschichte vom Tell. — Bd. 12. Der verlorene Sohn. — Bd. 14. Das wahre Glück. — Bd. 17. Der alte Gott lebt noch. — Bd. 19. Liebet eure Feinde. — Bd. 20. Wer Sünde thut, der ist der Sünde. — Bd. 29. Prüfungen. — Bd. 33. Friedl und Nazi. — Bd. 43. Furchtlos und treu. — Bd. 50. Wenn man nur recht Geduld hat. — Bd. 56. Brave Leute. — Bd. 61. Ein Mann, ein Wort. — Bd. 63. Das große Loos. — Bd. 76. Ehre Vater und Mutter. — Bd. 77. Fürst Wolfgang. — Bd. 81. Das treue Blut. — Bd. 82. Keine Rückkehr. — Bd. 83. Die Lebensversicherung. — Bd. 84. Man muß sich durchschlagen. — Bd. 102. Aeußerer Glanz. — Bd. 103. Die Auswanderer. — Bd. 110. Ein gutes Herz. — Bd. 115. Ein Millionär. — Bd. 120. Was Du thust, thust Du Dir selbst. — Bd. 122. Wie man's treibt, so geht's. — Bd. 127. Gott lenkt. — Bd. 128. Auf der Karroo. — Bd. 133. Die Stimme des Herrn. — Bd. 137. Der über den Wolken. — Bd. 138. Starrsinn und fester Wille. — Bd. 147. Thue Recht und scheue Niemand. — Bd. 150. Ein treuer Freund ist eine starke Stütze.

959. — Die Großmutter im Kreise ihrer Enkel. 8 Erzählungen für die Jugend. 4. Aufl. Mit 8 kolor. Bildern von Rothbart. Stuttgart 1877. cart. 3. —.

960. — Neuer deutscher Jugendfreund für Unterhaltung und Veredlung der Jugend. Mit vielen Abbildungen. 1—31. Jahrgang. Stuttgart. jed. Jahrg. geb. 6. —.

961. — Der Henkeldukaten. Frisches Wagen. Der Schiffbruch. — Der treue Wächter. Der Widerspenstige. — Der blinde Knabe. Der kleine Robinson. — Mohr und Weißer. — Die Tulpenzwiebel. Liebe deinen Nächsten. Die Stiefmutter. (Trewendts Jugendbibliothek Bd. 1—5.) Breslau. jed. Bd. Mk. 0,75. 3. 75.

962. **Hoffmann,** Julius, Ich sehe dich schon. — Haß und Liebe. — Der zerbrochene Becher. — Die Geschwister. — Kapitän Tisdale. — Großvaters Liebling. Marie, das Blumenmädchen. — Rufe mich an in der Noth, so will ich dich erretten. — Die letzte Wacht. — Ehrlich währt am längsten. Die Eisfahrt. — Der schwarze Sam oder Menschenraub in Amerika. (Trewendt's Jugendbibliothek Bd. 6. 7. 11. 12—14. 17. 20. 23.) Breslau. Jed. Bd. Mk. 0,75.   6. 75.

963. **Hoffmann,** Wilhelm, Abraham Lincoln, der Befreier der Negersklaven. Breslau. (Trewendt's Jugendbibl. Bd. 42.)   —. 75.

964. **Hofmann,** Friedrich, Der Kinder Wundergarten. Mit 60 Holzschn. u. 4 Buntdruckbildern. 8. Aufl. Leipzig 1878.   2. 50.

965. — Der Kinder Wundergarten. Märchen aus aller Welt. Mit 124 Holzschnitten, 2 Tonbildern und 6 Bildern in Farbendruck. Prachtausg. 2. Aufl. Leipzig 1878.   cart. 6. —.

966. — Tausend und eine Nacht. Für die Jugend bearbeitet von Lauckhard. Mit 70 Holzschnitten und 4 Buntdruckbildern. 2. Aufl. Leipzig 1879. geb. 3. —.

967. **Hofmann-Rühle,** Der Christmarkt oder der edle Fürstenzug und der Fiedelfritz. 2 Bdchn. Dresden.   2. —.

968. **Horn,** W. O. von [W. Oertel], Volks- und Jugendschriften. 130 Bdchn. Wiesbaden. jed. Bdchn. Mk. 0,75.

Hervorzuheben sind: Das Erdbeben von Lissabon. — Der Brand von Moskau. — Gottfried Pollmann. Eine Geschichte aus den Zeiten des 7 jährigen Kriegs. — Die Boorenfamilie von Klarfontein. Eine Geschichte aus dem Boorenleben im Caplande Südafrika's. — Von dem Neffen, der seinen Onkel sucht. — Das Leben der Kurfürstin Dorothea v. Brandenburg (genannt die liebe Dorel) und der frommen Landgräfin Elisabeth von Thüringen. — Die Gemsjäger. Eine Geschichte a. d. Alpen der Schweiz. — Simon. Lebensgeschichte eines Negersclaven in Brasilien. — Das Leben und die Thaten Hans Joachims von Zieten. — Wie einer ein Walfischfänger wurde, und was er dabei erfuhr und erlebte. — Blüchers Schützling. Eine Geschichte a. d. Jahren 1813 u. 1814. — Die Belagerung von Wien. Eine Geschichte a. d. Jahre 1683. — Der Lohn einer guten That. Eine Geschichte aus Indiens neuesten Ereignissen. — Christian Fürchtegott Gellert. — Der Mulatte. Eine Geschichte a. d. Pflanzerleben in Florida. — Karl Friederici's Kriegsfahrten anno 1812 u. 1813. Eine Geschichte nach den mündlichen Mittheilungen dessen, der die Kriegsfahrten gemacht. — Johann Jacob Astor. Ein Lebensbild aus dem Volke. — Diamantina. Eine Geschichte. — Das Pathengeschenk. — James Watt, der Erfinder. Ein Lebensbild. — George Stephenson, der Mann der Eisenbahnen und Locomotiven. — Der Schiffsjunge und sein Lebensgang. Eine Geschichte. — Der Weißkopf. Eine Geschichte. — Der Domrabe. Eine Geschichte. — Der Admiral de Ruiter. Lebensbild eines Seehelden. — Das Schloß-Nobbele. Eine Geschichte a. d. Zeiten Friedrichs V. von der Pfalz. — Olaf Thorlacksen. Eine isländische Geschichte. — Hualma, die Peruanerin. Eine Geschichte. — Die Silberflotte oder der Herr verläßt die Seinen nicht. — Zwei Ausbrüche des Vesuvs. — Benjamin Franklin. Lebensbild eines Ehrenmannes a. Amerika. — Der Leibhusar. Eine Geschichte. — Der alte Fritz, der Held und Liebling des deutschen Volkes. — Der Lumpensammler von Paris. Eine Geschichte aus dem Jahre 1805. — Aus den Silberminen der Cordillera de los Andes in Südamerika. — Der Overseer. Eine Geschichte aus dem Pflanzerleben in Südamerika. — Graf Auget de Monthyon, einer der edelsten Söhne Frankreichs. — Vier deutsche Heldinnen a. d. Zeit der Befreiungskriege. — James Cook. Leben und Thaten des berühmten Seefahrers und Erdumseglers. — Was aus einem armen Hirtenbüblein werden kann. Eine Geschichte. — Die Pelzjäger der Hudsonsbaicompagnie. — Der Kaffernhäuptling. Eine Geschichte aus den zwanziger Jahren des vorigen Jahrhunderts am Cap der guten Hoffnung.

969. **Houwald,** Ernst von, Buch für Kinder gebildeter Stände und Bilder für die Jugend. Märchen — Erzählungen — Schauspiele. Ausgewählt von M. Moltke. Leipzig 1877.   cart. 5. —.

970. **Jacobs,** Friedr., Die Feierabende in Mainau. Leipzig.   3. 80.
971. — Erzählungen des alten Pfarrers von Mainau. Leipzig.   2. 40.
972. — Alwin und Theodor. Leipzig.   2. 40.

973. **Jäger,** Clara, Die Meuterer auf Pitcairn. Im bunten Hause. Zwei Erzählungen. 12. Stuttgart 1880. (Universalbibl. f. d. Jugend Bd. 49.) —. 20.

974. **Jugend**, Deutsche. Illustrirte Jugend= und Familienbibliothek für Knaben und Mädchen. Unter Mitwirkung namhafter Schriftsteller u. Künstler herausgegeben von Jul. Lohmeyer. Künstlerischer Leiter Oskar Pletzsch. Jährlich 2 Bde. gr. 4. Leipzig.   Jeder Band 6. —.

975. **Jugendblätter.** Zur Unterhaltung u. Belehrung herausgeg. v. Isabella Braun. Mit Lithographieen u. Holzschn. 1.—27. Jahrg. München. Jeder Jahrg. 4. 20.

976. **Jugendblätter**, Deutsche. Jahrg. 1—20. Herausgeg. zum Besten des sächs. Pestalozzivereins. Jahrg. 1—20. Mit Illustr. gr. 4. Leipzig. Jeder Jahrg. 4. —.

977. **Kinderlaube**, Die. Illustr. Monatsschrift f. d. deutsche Jugend v. H. Stiehler. 1.—19. Bd. gr. 4. Dresden.   Jeder Bd. 3. 60.

978. **Kingston**, Will., Markus Seefest und seine Abenteuer im indischen Ocean. In freier Bearbeitung f. d. deutsche Jugend. Mit Abbild. 3. Aufl. Dresden 1867. cart. 3.—.

979. — Peter der Walfischfänger. Für die deutsche Jugend bearb. v. O. L. Heubner. Mit Abbild. 3. Aufl. gr. 16. Dresden 1869.   cart. 3. —.

980. *†**Koch**, Rosalie, Weiße Rosen. Erzählungen für die reifere weibliche Jugend. Mit 6 Bildern. Glogau 1870.   geb. 4. —.

981. — und Marie Hutberg, Aus der Jugendzeit. Drei Erzählungen für Kinder im Alter von 8—12 Jahren. Mit 6 Bildern. Glogau 1856.   3. —.

982. **Kolde**, Aug., Frisch gewagt ist halb gewonnen. Breslau. (Trewendt's Jugend= bibliothek Bd. 59.)   — . 75.

983. **König**, Robert, Meister Schott und seine Familie. Eine Erzählung aus der Belagerung von Straßburg im Jahre 1870. Mit 8 Tonbildern und 1 Plan. 2. Aufl. gr. 16. Bielefeld 1877.   geb. 4. —.

984. **Lammers**, Mathilde, Das lebendige Weihnachtsgeschenk. Eine Erzählung für Kinder von 10—14 Jahren. gr. 16. Bremen 1878.   cart. 1. —.

985. **Lausch**, Ernst, Das Buch der schönsten Kinder= und Volksmärchen, Sagen und Schwänke. 10. Aufl. Mit Abbild. Leipzig 1879.   2. —.

986. **Lindeman**, M. von, Das Alpenveilchen. — Die Stumme. — Die wilde Rose. Drei Erzählungen f. d. Jugend. Mit 4 Bildern v. R. Leinweber. Glogau 1875.   cart. 1. 50.

987. **Märchenbuch**, Illustr., der Großmama. Mit Randzeichnungen von Karl Merkel. Ausgewählte Märchen von Andersen, Arndt, Brentano ꝛc. Basel.   2. 40.

988. **Meinhold**, Volks= und Jugendbibliothek. Ausgewählte Erzählungen von Mit= arbeitern der „Kinderlaube". Dresden 1879—81. 10 Bdchn. jedes Mk. 0,80. 8. —. Inhalt: 1. Bdch. Die alte Tante v. E. Weber. Prairie=Feuer v. J. Staacke. Zwei Patienten v. P. Schanz. — 2. Bdch. Kinder der Alpen v. Th. Messerer. Ehrenhafte Gesinnung v. Fr. Kühn. Die Stiefmutter v. A. Carolis. — 3. Bdch. Durch Nacht zum Licht v. E. Ebeling. Der Silberblick v. M. v. Lindeman. Der kleine Indier v. J. Ruhkopf. — 4. Bdch. Narramattah, die Tochter des Urwaldes, v. Th. Krug. Die Mißgestalteten v. M. v. Lindeman. — 5. Bdch. Der Spring= brunnen v. M. v. Lindeman. Margret Berg v. E. Gail. Die drei Freundinnen v. E. Gail. Zwei Weihnachtsabende v. H. Stöckl. — 6. Bdch. Das Engelchen v. P. Schanz. Der Jaco, ein Held mit Federn, v. A. Köhne. Der Lumpensammler von Paris v. H. Stöckl. — 7. Bdch. Die Gouvernante v. M. v. Lindeman. Der Mensch denkt, Gott lenkt v. J. Staacke. Robert Fulton, der Erfinder des Dampf= schiffes, v. R. Roth. Die Schwestern v. W. Rebe. — 8. Bdch. Liebe und Pflicht v. E. Gail. Schicksals Walten v. A. Carolis. Winona v. J. Staacke. — 9. Bdch. Die treue Pathe v. M. v. Lindeman. Die Rache ist mein, spricht der Herr, v. J. Staacke. Das Mutter Vermächtniß v. A. Carolis. Die Belohnung v. J. Staacke. — 10. Bdch. Die blaue Blume v. F. P. Der Pflegesohn v. M. v. Lindeman.

989. **Mensch**, G., Der Froschmäusekrieg. Nach Rollenhagens „Froschmäuseler". Für Jung u. Alt bearbeitet. Mit Illustr. v. G. Süs. 4. Stuttgart 1871. geb. 4. 50.

990. — Robinson Crusoe oder wunderbare Abenteuer eines Schiffbrüchigen. Mit Illustr. Stuttgart 1873.   geb. 3. —.

991. **Natorp**, Oskar, Graf Eberhard vom Berge. — Lebrecht. — Traugott. (Trewendt's Jugendbibliothek Bd. 58. 65. 69.) Breslau. jeder Bd. Mk. 0,75.   2. 25.

992. ***Niedergesäß**, Robert, Lehr= und Wanderjahre. Eine Erzählung aus dem Hand= werkerleben für die Jugend und fürs Volk. 2. Aufl. Wien 1874. cart. 1. 50.

993. — Am Kamin. Plaudereien eines Großvaters mit seinem Enkel. 2. Aufl. Wien 1876.   1. —.

994. — Der Taubstumme. Eine Erzählung für die Jugend. 2. Aufl. Wien 1877. 1. —,

995. **Nieritz,** Gustav, Jugend=Bibliothek. Düsseldorf 1876—81. Neue Ausgabe in Serien zu 6 Bändchen mit je 1 color. Titelbild. Preis jeder Serie Mk. 5., jedes Bändchens 1. —.

Hervorzuheben sind: Die Auswanderer. 12. Aufl. — Potemkin oder Herr u. Leibeigner. 2. Aufl. — Die Türken vor Wien im Jahre 1683. 3. Aufl. — Der Cantor von Seeberg oder die Pelzmütze u. Gesangbuch. 4. Aufl. — Die Großmutter. 2. Aufl. — Der Kerkermeister von Norwich oder das 7. Gebot. 2. Aufl. — Ein furchtbares Himmelfahrtsfest. 2. Aufl. — Stern, Stab und Pfeife. 2. Aufl. — Der Riesenstiefel oder die Glücksspieler. 10. Aufl. — Gustav Wasa oder König und Bauer. 4. Aufl. — Betty und Toms oder Dr. Jenner u. seine Entdeckung. 12. Aufl. — Eloha oder das Schaf der Armen. 2. Aufl. — Der Landprediger. Seel', was verzagst du doch? und Der Strohhalm und der Schatz. 7. Aufl. — Der junge Trommelschläger oder Der gute Sohn. 12. Aufl. — Die rettende Glocke. 2. Aufl. — Der Richter oder Zürnet und sündiget nicht. 2. Aufl. — Der kleine Bergmann oder Ehrlich währt am längsten. 13. Aufl. — Des Königs Leibwache. 3. Aufl. — Die rothen Strümpfe. 2. Aufl. — Die Belagerung von Magdeburg und Der Zimmermann v. Saardam. 9. Aufl. — Die Kuckucksuhr u. Das Vogel= nest und der Hammer. 2. Aufl. — Alexander Menzikoff. 17. Aufl. — Die Neger= sklaven und der Deutsche. 4. Aufl. — Acht Tage in der Fremde. 4. Aufl. — Die Geschwister oder Die Waisen und ihre Freunde. 3. Aufl. — Mutterliebe und Brudertreue oder Gefahren einer großen Stadt. Das verlorene Kind. Der Kreuz= thurm zu Dresden. Der reiche Mann und der arme Lazarus. 6. Aufl. — Die Nachbarn. 4. Aufl. — Eine Thräne oder Die Gefangenen Schamyls des Tscherkessen= häuptlings. 2. Aufl. — Der Lohn der Beharrlichkeit. 2. Aufl. — Pompeji's letzte Tage. 3. Aufl. — Die Haideschule. — Die Bruderliebe. — Die beiden Schwestern. — Eine freie Seele. — Der Quäker. — Der Goldkoch. — Die Fregatte. — Die gute Tochter. — Der Oheim. — Gutenberg und seine Erfindung. — Der Kaufmann von Venedig. — Der Hirt von Oggersheim. — Wenn die Noth am größten, ist Gottes Hilf' am nächsten.

996. **Oertel,** Hugo, Karl Theodor Körner. Wiesbaden. (Univ.=Bibl. Bd. 117.) —. 75.
997. —, Gutenberg. Wiesbaden. (Ebenda Bd. 119.) —. 75.
998. ***Otto,** Franz [F. O. Spamer], Aus dem Tabakscollegium u. der Zopfzeit, oder wie man vor 150 Jahren lebte und es trieb. Mit Abbild. Leipzig 1872. 5. —.
999. *—, Der große König und sein Rekrut. Lebensbilder aus der Zeit des 7 jähr. Krieges. Mit Illustr. 5. Aufl. Leipzig 1877. 5. 50.
1000. **Parley,** Pet., Ausgewählte Erzählungen für die Jugend. Nach dem Engl. Mit Bildern. 3. Aufl. Stuttgart 1876. cart. 3. —.
1001. **Pfeffel,** G. K., Ausgewählte Fabeln und Gedichte. Stuttgart. (Universalbibl. f. d. Jugend Bd. 13. 14.) —. 40.
1002. **Pfeil,** Heinrich, Gute Kinder — brave Menschen. Erzählungen aus der alten u. neuen Zeit. Mit Abbild. 4. Aufl. Leipzig. 2. 50.
1003. **Pflug,** Ferdinand, Der Verurtheilte. Eine Erzählung aus der Zeit Friedrich's des Großen. Mit 1 Bilde von H. Lüders. Bremen 1876. cart. 1. —.
1004. ***Pichler,** Luise, Der Ring der Herzogin. Eine Erzählung für die Jugend und das Volk. 16. Stuttgart 1861. —. 75.
1005. *— Die Schwarzwaldmühle. Ein deutscher Prinz. Zwei Erzählungen für die Jugend und das Volk. 16. Stuttgart 1862. —. 75.
1006. — Die Ansiedler im Schwarzwalde. Eine Erzählung für die Jugend. 2. Aufl. 16. Stuttgart 1874. cart. —. 75.
1007. — Der Findling. 12. Eßlingen 1881. (Erzählungen für die Jugend und das Volk. 50. Bdchn.) cart. —. 75.
1008. — Ein deutsches Königsleben. Eine Erzählung für die Jugend und das Volk. 16. Eßlingen 1879. cart. —. 75.
1009. — Vom Fels zum Meer. Erzählungen für Deutschlands Jugend. Mit Bildern. 2. Aufl. Eßlingen 1880. 4. —.
1010. — Hermann der Befreier. Erzählung für Deutschlands Jugend. Eßlingen. cart. —. 75.

1011. **Pichler,** Th. von, Sechs Märchen aus 1001 Nacht. Für die Jugend be= arbeitet. Mit 6 Transparentverwandlungsbildern. Stuttgart. 5 —.

1012. **Pilz,** Karl, Was Kinder gerne hören. 50 ernste und heitere Geschichten für Kinder von 7—10 Jahren. Mit Abbild. Leipzig 1879. 2. —.

1013. **Plieninger**, Gustav, Die Geschwister von Marienthal. Erzählung. 4. Aufl. Stuttgart 1874. (Neue deutsche Jugendbibliothek Bd. 19.)   cart. —. 75.

1014. — Die Kuckuksburg. 3. Aufl. Stuttgart 1875. (Ebendas. Bd. 24.) cart. —. 75.

1015. — Erzählungen. (Die Neujahrsnacht. Die Schlacht von Torgau. Der unbekannte Wohlthäter. Das Marienbild.) 3. Aufl. Stuttgart 1877. (Ebendas. Bd. 31.)   cart. —. 75.

1016. **Rein**, Victor, Erzählungen für die Jugend. Mit vielen Bildern nach A. Reinhardt. 2 Bdchn. Dresden.   1. 50.

1017. **Reinick**, Robert, Märchen-, Lieder- und Geschichtenbuch. Gesammelte Dichtungen f. d. Jugend. Mit zahlreichen Bildern. 4. Aufl. Bielefeld 1878. geb. 4. —.

1018. *****Richter**, Alb., Lustige Geschichten aus alter Zeit. Illustrirt in der kgl. Kunstakademie zu Leipzig unter Leitung von L. Nieper. Leipzig 1879.   cart. 3. —.

1019. **Riedel**, Gustav, Der blinde Wilhelm. (Trewendt's Jugendbibl. Bd. 32.) Breslau.   —. 75.

1020. *****Roth**, Richard, Der Burggraf und sein Schildknappe. Histor. Erzählung für Jugend und Volk. Mit Illustr. Leipzig 1873.   6. —.

1021. *— Kaiser, König und Papst. Historische Erzählung für Volk und Jugend. Mit Illustr. Leipzig 1874.   7. —.

1022. — Der Nordpolfahrer. Eine lehrreiche Erzählung für die reifere Jugend. 12. Stuttgart 1880. (Universalbibl. für die Jugend Bd. 55—57.)   —. 60.

1023. — Gott bracht es an den Tag. — Durch Liebe besiegt. — Prinz Eugen, der edle Ritter. — Wiedersehen ist unsere Hoffnung. (Trewendt's Jugendbibliothek Bd. 60—62. 66.) Breslau. jeder Bd. Mk. 0,75.   3. —.

1024. **Schiller**, Julius, Die Tartaren in Schlesien. — Gerhard Schenk, Erlebnisse eines Deutschen in Amerika. — Saat und Ernte. — Auf der Hallig. — Hans Hildebrand. — Die Schule der Trübsal. — Von Pfingsten bis Weihnachten. (Trewendt's Jugendbibliothek Bd. 37. 38. 41. 43. 49—51.) Breslau. jeder Bd. Mk. 0,75.   5. 25.

1025. **Schmid**, Christoph von, Das Täubchen. Das verlorene Kind. Zwei Erzählungen für Kinder. Regensburg 1869.   —. 75.

1026. — Der gute Fridolin und der böse Dietrich. Eine lehrreiche Geschichte. 6. Aufl. München 1873.   1. 20.

1027. — Rosa von Tannenburg. Eine Geschichte des Alterthums für Eltern und Kinder erzählt. 11. Aufl. München 1876.   1. —.

1028. — Genovefa. Eine der schönsten und rührendsten Geschichten des Alterthums. Regensburg 1878.   1. 50.

1029. — Die Ostereier. Eine Erzählung für Kinder. 14. Aufl. gr. 16. Regensburg 1878.   cart. —. 75.

1030. — Das Lämmchen. Eine Erzählung für Kinder. Regensburg 1879. —. 75.

1031. — Die Hopfenblüthen. Eine Begebenheit aus dem Leben eines armen Landschullehrers erzählt für Kinder. Regensburg 1879.   1. 20.

1032. — Ludwig, der kleine Auswanderer. Eine Erzählung für Kinder. Regensburg 1879.   1. 20.

1033. — Wie Heinrich von Eichenfels zur Erkenntniß Gottes kam. Eine Erzählung für Kinder. Regensburg 1879.   —. 75.

1034. — Das Blumenkörbchen. Eine Erzählung, dem blühenden Alter gewidmet. Regensburg 1879.   1. 50.

1035. **Schmidt**, Ferdinand, Epheuranken. Erzählungen und Märchen. 5. Aufl. gr. 16. Berlin 1873.   cart. —. 75.

1036. — Maiblumen. Kleine Erzählungen und Märchen. 6. Aufl. gr. 16. Berlin 1873.   cart. —. 75.

1037. — Kriegsruhm und Vaterlandsliebe. Eine Erzählung. 3. Aufl. 16. Berlin 1874.   cart. —. 75.

1038. *— Janko der Maler. Eine Erzählung für Jung und Alt. 4. Aufl. 16. Berlin 1874.   cart. —. 75.

1039. — Jazzo. Erzählung aus dem Wendenkriege. 4. Aufl. 16. Berlin 1874. cart. —. 75.

1040. *— Oswin oder die Schule des Lebens. Eine Erzählung. 5. Aufl. 16. Berlin 1875.   cart. —. 75.

1041. **Schmidt**, Heinrich, Zu Lande und zu Wasser. Erzählungen aus dem Seemannsleben. Mit Bildern von E. Ebers. Glogau. 3 Bde. je Mk. 1,50. 4. 50.

1042. **Schöne,** Emma, Weihnachtsgabe. Erzählungen für die Jugend von 10—14 Jahren. Mit vielen Illustrationen. Leipzig 1878. (Neue illustr. Jugend=Bibl. Bd. 12.) cart. 3. 50.

1043. ***Schubert,** Gotthilf Heinrich von, Die alte Schuld. Eine Erzählung für die reifere Jugend. Erlangen 1856. 1. 20.

1044. *— Die Schatzgräber. Eine Erzählung. Erlangen 1856. —. 80.

1045. *— Herr Stephan Mirbel. Eine Erzählung für die reifere Jugend. Erlangen 1856. 1. 20.

1046. — Vier Erzählungen. Meinen jungen Freunden gewidmet. 2. Aufl. Stuttgart 1858. 1. 20.

1047. — Der ungleiche Sohn und der gleichartige Enkel. Eine Erzählung. 4. Aufl. Stuttgart 1859. —. 50.

1048. — Kleine Erzählungen für die Jugend. 2. Aufl. Erlangen 1872. 2 Bdchn. je Mk. 2,40. 4. 80.

1049. — Acht Erzählungen für meine jungen Freunde. 4. Aufl. gr. 16. Stuttgart 1877. cart. —. 75.

1050. — Der Krüppel von Rottenstein. Eine Erzählung. gr. 16. Stuttgart 1879. —. 20.

1051. — Der Meeresstrom. Eine Erzählung für die Jugend. 12. Basel 1880. —. 20.

1052. ***Schupp,** Ottokar, Der Kassendiebstahl. Eine Erzählung für die Jugend und das Volk. Mit 4 Abbildungen. Wiesbaden. —. 75.

1053. *— Die Flüchtlinge im Steinthale. Eine Erzählung aus dem Leben Oberlins. Für die Jugend und das deutsche Volk. Mit 4 Abbildungen. Wiesbaden. —. 75.

1054. *— Die Meerlins. Eine Dorfgeschichte, der deutschen Jugend und dem Volke erzählt. Mit 4 Abbildungen. Wiesbaden. —. 75.

1055. **Seidel,** Friedrich, Nach der Schule. Bd. 1—3. Leipzig. jed. Bd. Mk. 4. 12. —.

1056. **Seifart,** Karl, Tausend und eine Nacht in einer Auswahl der schönsten morgenländ. Märchen und Erzählungen für die Jugend bearb. Mit 12 Abbild. Stuttgart 1874. 5. 25.

1057. **Sigismund Rüstig,** der Bremer Steuermann. Ein neuer Robinson nach Capitain Marryat frei für die Jugend bearbeitet. Mit Bildern. 17. Aufl. Leipzig 1878. geb. 2. 40.

1058. **Spyri,** Johanna, Heidi's Lehr= und Wanderjahre. Eine Geschichte für Kinder und auch für solche, welche die Kinder lieb haben. Mit Illustrationen. 3. Aufl. Gotha 1881. cart. 3. —.

1059. — Heimatlos. Zwei Geschichten für Kinder und auch für solche, welche die Kinder lieb haben. Mit Illustr. 4. Aufl. Gotha 1881. cart. 3. —.

1060. — Aus Nah und Fern. Noch zwei Geschichten für Kinder und auch für solche, welche die Kinder lieb haben. Mit Illustr. 3. Aufl. Gotha 1881. cart. 3. —.

1061. — Heidi kann brauchen, was es gelernt hat. Gotha. cart. 2. 40.

1062. **Steiger,** Karl, Die Schweizerknaben in Oberschwaben. Mit 3 Bildern. Stuttgart. —. 75.

1063. — Die Uhr. Mit 4 Bildern. Stuttgart. —. 75.

1064. — Das verschüttete Dorf. Mit 4 Bildern. Stuttgart. —. 75.

1065. **Stein,** A., Samenkörner. Erzählungen für Kinder von 8—12 Jahren. Mit 9 Bildern von Hosemann. Berlin 1867. cart. 2. 50.

1066. **Stöber,** Karl, Das Elmthäli. Nebst weiteren Erzählungen. 3. Aufl. gr. 16. Stuttgart 1871. cart. —. 75.

1067. — Der Schneider von Gastein. — Wessen Licht brennt länger. — Der Tag im Graben. — Die äußerste Hütte. (Bändchen 1, 2, 9, 10 der „Erzählungen". Neue Volksausgabe.) Leipzig 1870—71. jed. Bdchn. Mk. 0,75. 3. —.

1068. **Sträßle,** Franz, Geschichtenbuch für Kinder mittleren Alters. Mit 12 bunten Bildern. Stuttgart. 3. —.

1069. **Taylor,** Bayard, Buch für wackere Knaben. Stuttgart 1879.

1070. ***Trautmann,** Franz, Eppelein von Gailingen und was sich seiner Zeit mit diesem ritterlichen Eulenspiegel und seinen Spießgesellen im Fränkischen zugetragen. Mit 8 Illustr. von Muttenthaler. Frankfurt. 2. —.

1071. **Tschache,** G., Otto IV. mit dem Pfeil. Die Quitzows. Zwei histor. Erzählungen. Mit Holzschn. Breslau 1875. (Trewendt's Jugend=Bibl. Bd. 56.) —. 75.

1072. **Victor,** Helene, Die Junker von Falkenstein. Mit Illustr. Breslau. (Trewendt's Jugend=Bibl. Bd. 64.) — 75.

4

1073. **Wagner,** Hermann, Hausschatz für die deutsche Jugend. Mit Bildern. Glogau 1866 flg. jed. Jahrg. 6. —.

1074. **Wagner,** Karl, Lehren der Weisheit und Tugend in auserlesenen Fabeln, Erzählungen, Liedern und Sprüchen. 26. Aufl. Leipzig. 2. —.

1075. **Walther,** L. J. G., Erzählungen und Märchen für die Jugend. 12. Stuttgart 1880. (Univ.-Bibl. f. d. Jugend Bd. 28. 29.) —. 40.

1076. **Werther,** Werner, Der Jugend Fabelschatz. Eine Auswahl der schönsten Fabeln von Aesop, Curtmann, Gleim ꝛc. Mit Abbild. 12. Stuttgart 1881. (Univ.-Bibl. f. d. Jugend Bd. 69. 70.) —. 40.

1077. **Wildermuth,** Ottilie, Jugendbibliothek. Jedes Bändchen mit 4 Tonbildern. gr. 16. Stuttgart 1871 flg. jed. Bdchn. cart. —. 75.

Hervorzuheben sind: 2. Bd. Drei Schulkameraden. Der Spiegel der Zwerglein. — 4. Bd. Eine Königin. Der Kinder Gebet. — 5. Bd. Spätes Glück. Die drei Schwestern vom Walde. — 9. Bd. Der Peterli von Emmenthal. Zwei Märchen für die Kleinsten. — 12. Bd. Nach Regen Sonnenschein. Frau Luna. Das Bäuerlein im Walde. - 13. Bd. Die Nachbarskinder. Kordulas erste Reise. Balthasars Aepfelbäume. — 14. Bd. Die wunderbare Höhle. Das Steinkreuz. Unsre alte Marie. — 15. Bd. Der kluge Bruno. Eine alte Schuld. Heb auf, was Gott dir vor die Thüre legt. — 16. Bd. Elisabeth. Die drei Christbäume. Klärchens Genesung. Das Feenthal.

1078. — Jugendgabe. Mit 6 Stahlstichen. 4. Aufl. Stuttgart. 4. 50.

1079. — Von Berg und Thal. Mit 6 Stahlstichen. 5. Aufl. Stuttgart. 4. 50.

1080. — Kindergruß. Erzählungen für Kinder von 8—12 Jahren. Mit 6 Stahlstichen. 6. Aufl. Stuttgart. 4. 50.

1081. †— Aus Nord und Süd. Erzählungen, der deutschen Jugend geboten. Mit 6 Stahlstichen. Stuttgart. 4. 50.

1082. — Der Jugendgarten. Eine Festgabe für die deutsche Jugend. 1.—5. Band. Mit farbigen und Tondruckbildern. Stuttgart. jed. Bd. M. 6. —.

1083. — Aus Schloß und Hütte. Erzählungen für Kinder. Mit 6 Farbendruckbildern. Stuttgart. 4. 50.

1084. †— Für Freistunden. Erzählungen für die Jugend. Mit 6 Bildern in Farbendruck. 2. Aufl. Stuttgart 1869. cart. 4. 20.

1085. — Kleine Geschichten. 12. Stuttgart 1880. (Universalbibl. für die Jugend. Bd. 15.) —. 20.

Inhaltsübersicht.

~~~~~~

Seite

I. Deutsche Nationallitteratur:
1. Aeltere deutsche Litteratur (vom 12. bis zum 17. Jahrhundert) }
2. Neuere deutsche Litteratur } . 1
3. Neueste deutsche Litteratur 4

II. Ausländische Litteratur:
1. Allgemeines 8
2. Griechen und Römer 9
3. Italiener, Spanier, Franzosen 9
4. Engländer und Amerikaner 10
5. Dänen und Skandinavier } 11
6. Russen }

III. Sage, Geschichte, Lebensbeschreibungen:
1. Sage 11
2. Allgemeine Geschichte 12
3. Geschichte des Alterthums 13
4. Deutsche Geschichte 14
5. Lebensbeschreibungen 15

IV. Kultur-, Kunst- und Litteraturgeschichte:
1. Kulturgeschichte 20
2. Kunstgeschichte 21
3. Litteraturgeschichte 22

V. Erd- und Völkerkunde:
1. Physikalische Erdkunde 22
2. Politische Erdkunde, Reisebeschreibungen, Völkerkunde:
    a. Allgemeines 22
    b. Afrika 24
    c. Amerika 25
    d. Asien }
    e. Australien } 26
    f. Europa }
    g. Deutschland insbesondere 27

VI. Naturkunde:
1. Allgemeines 27
2. Astronomie }
3. Physik und Chemie } 30
4. Geologie und Mineralogie }
5. Botanik } 31
6. Zoologie 32

Seite

VII. Landwirthschaft, Gewerbe und Industrie, Handel und Verkehrswesen:

    1. Landwirthschaft 33

    2. Gewerbe und Industrie 35

    3. Handel und Verkehrswesen 37

VIII. Rechts- und Staatskunde, Volkswirthschaftslehre, Gesundheitslehre:

    1. Rechts- und Staatskunde 38

    2. Volkswirthschaftslehre 39

    3. Gesundheitslehre 40

IX. Sammelwerke, Zeitschriften und Kalender 41

X. Jugendschriften 41